KB050170

앱 인벤터,
상상을 현실로 만드는 프로젝트

ISBN 978-89-314-6332-3

독자님의 의견을 받습니다

이 책을 구입한 독자님은 영진닷컴의 가장 중요한 비평가이자 조언가입니다. 저희 책의 장점과 문제점이 무엇인지, 어떤 책이 출판되기를 바라는지, 책을 더욱 알차게 꾸밀 수 있는 아이디어가 있으면 팩스나 이메일, 또는 우편으로 연락주시기 바랍니다. 의견을 주실 때에는 책 제목 및 독자님의 성함과 연락처(전화번호나 이메일)를 꼭 남겨 주시기 바랍니다. 독자님의 의견에 대해 바로 답변을 드리고, 또 독자님의 의견을 다음 책에 충분히 반영하도록 늘 노력하겠습니다.

파본이나 잘못된 도서는 구입처에서 교환 및 환불해드립니다.

이메일 : support@youngjin.com
주 소 : (우)08507 서울특별시 금천구 가산디지털1로 128 STX-V타워 4층 401호 (주) 영진닷컴 기획1팀
등 록 : 2007. 4. 27. 제16-4189호

STAFF

저자 이준혁 | **총괄** 김태경 | **진행** 이민혁 | **디자인·편집** 김효정 | **영업** 박준용, 임용수, 김도현 | **마케팅** 이승희, 김근주, 조민영, 김예진, 이은정, 채승희, 김민지 | **제작** 황장협 | **인쇄** 제이엠

앱 인벤터,

상상을 현실로 만드는 프로젝트

YoungJin.com Y.
영진닷컴

이 책의 머리말

이준혁

2009년부터 프로그래머로 일하기 시작해 현재는 다양한 기계와 프로그램을 개발한다. 예로 블루투스나 WiFi가 들어간 기계를 개발하거나, 웹 페이지, 서버 또는 모바일 앱을 개발한다. 특히나 모바일 앱의 경우 페이스북에서 개발한 기술인 리액트 네이티브(React Native)라는 것을 이용해 하이브리드 앱을 주로 개발한다. 하이브리드 앱은 하나의 소스 코드로 여러 환경에서 돌아가는 앱을 말하는데, 리액트 네이티브의 경우 동일한 소스 코드로 안드로이드와 iOS 모두에 동일하게 실행할 수 있다. 솔직히 앱 인벤터로 전문 앱을 개발하지는 않는다. 앱 인벤터를 이용해서 전문 앱을 만드는데 있어서 생산성 면이나 기술적인 면에서 어느 정도 한계가 있기 때문이다. 하지만 필자의 경우 앱 인벤터와 인연이 깊다. 이전 회사에서 교육 쪽 일을 담당했는데, 아두이노(Arduino)라는 기계 장치와 블루투스 통신을 하는 모바일 앱을 만들어야 하는 경우가 잦았다. 그때마다 간단하게 앱 인벤터를 이용해 모바일 앱을 뚝딱 만들곤 했다.

전 회사에 있었을 때 한 대형 교육회사의 부탁으로 대략 4주간 주말마다 초등학생들과 중학생들에게 모바일 앱 제작을 가르친 적이 있었다. 다들 프로그래밍 경험이 없던 아이들이었는데, 고객회사는 교육 마지막에 아이들이 직접 만든 앱을 구글 플레이에 등록할 수 있게 해달라고 부탁했다. 그때 아이들에게 가르친 것이 앱 인벤터였다. 스크래치와 같은 블록 기반이 쉽고 직관적이어서 학교에서도 블록 기반을 활용해 프로그래밍을 가르치는 것처럼, 앱 인벤터 또한 블록 기반으로 쉽게 되어있어 아이들이 배우는데 큰 어려움이 없었다. 게다가 수업이 어느 정도 진행되고 아이들도 대략 감을 잡고나니 그 다음부터는 각자 자신들만의 기발한 아이디어로 앱을 만들기 시작했다. 마치 레고 장난감으로 자신이 원하는 것을 만드는 모습같았다. 교육 마지막에는 아이들이 만든 앱을 구글 플레이에 등록시켜주었다. 대단한 앱은 아니지만 그럼에도 자신들이 만든 앱을 등록했다는 점에서 아이들이 무척 좋아했다.

앱 인벤터로 대략 다음과 같은 기능을 사용할 수 있다. 일반적으로 많은 프로그램에서 볼 수 있는 버튼, 체크박스, 이미지 등을 활용해 화면을 꾸밀 수 있다. 그리고 앱 안에서 특정 소리나 또는 동영상을 재생할 수 있고, 원한다면 스마트폰의 카메라를 활용해 곧바로 사진을 찍거나 동영상을 찍을 수 있다. 또한 캔버스라는 것을 활용해 그림 그리는 앱을 만들거나 또는 게임처럼 캐릭터들이 움직이도록 만들 수 있다. 스마트폰에는 무수히 많은 센서들이 존재한다. 예로 움직임과 방향을 인식할 수 있는 가속도센서와 방향센서, 그리고 통화할 때 얼굴이 폰과 가까이 있는지 인식해 스크린이 꺼지게 해주는 근접센서, NFC 태그를 읽거나 쓸 수 있는 NFC 모듈 등이 있다. 그리고 자동차 내비게이션 앱이 가능토록 해주는 GPS 센서도 있다. 앱 인벤터에서는 이 많은 센서들을 프로그램으로 아주 간단히 제어할 수 있다. 이 뿐만 아니라 블루투스 기기와 통신하거나 또는 인터넷에 정보를 가지고 오는 것도 가능하다.

이 책을 통해 앱 인벤터를 배운다기 보다 앱 인벤터에 흥미를 가지는 계기가 되었으면 좋겠다. 책의 각 단계를 진행하면서 앱 인벤터에 익숙해지길 바라고, 그 다음에는 자신만의 앱을 기획해본 뒤 그걸 앱 인벤터를 이용해 직접 만들어보길 바란다. 처음부터 완벽한 앱을 만들 순 없다. 필자도 처음에는 간단한 영어단어 앱을 만드는 것부터 시작했다. 또한 앱 인벤터 갤러리에 들어가서 전 세계 다양한 사람들이 올린 앱들을 한번 구경해보기 바란다. 아마 그 중에 만들고 싶어하는 것과 같은 앱이 이미 있을지도 모른다. 있다면 앱을 실행해보고, 어떻게 코딩을 했는지 살펴보기 바란다. 이렇게 하다보면 어느새 원하는 앱을 마음껏 만들 수 있게 될 거다.

마지막으로 이 책을 쓸 수 있게 해준 영진닷컴에 감사드린다. 영진닷컴과 인연을 갖게 된지가 2014년 말 쯤부터였는데, 어느새 이번 책이 영진닷컴과 같이 내는 5번째 책이 되었다. 그 동안 책과 관련해서 많은 도움을 줬던 담당자 정소현씨에게 큰 감사를 드린다. 그리고 항상 제 1의 독자라고 생각하는 나의 아들 현성이에게 이 책을 바친다. 책을 쓸 때마다 우리 아들이 읽는다면 잘 따라할 수 있을까 생각하며 책을 썼다. 또한 어려모도 바쁜 나늘 뒷바라지 하느라 고생한 아내에게도 감사의 뜻을 전한다.

이 책의 구성

PART 01 :: 앱 인벤터 소개

앱 인벤터가 어떻게 만들어지게 됐고, 어떤 특징을 가지고 있는지 살펴봅니다. 그리고 앱 인벤터를 시작하기 전에 도움이 될 수 있는 스크래치와 안드로이드에 대해 알아봅니다. 또한 앱 인벤터로 할 수 있는 프로젝트들에 대해 간단히 소개합니다.

PART 02 :: 앱 인벤터 준비하기

앱 인벤터를 이용하기 위해 필요한 것들을 살펴봅니다. 앱 인벤터 안드로이드 앱을 설치하는 방법과 PC에서 앱 인벤터로 프로그래밍을 하기 위해 준비해야 할 것들을 소개합니다. 그리고 새로운 프로젝트를 만들고, 언어를 한글로 설정하는 방법도 소개합니다. 마지막으로 앱 인벤터와 안드로이드 기기 또는 에뮬레이터와 연결하는 것을 해봅니다.

PART 03 :: 앱 인벤터 살펴보기

앱 인벤터의 구성 요소인 디자이너와 블록에 대해 살펴봅니다. 디자이너의 경우 앱 인벤터에서 사용 가능한 다양한 컴포넌트들이 뭐가 있는지 소개합니다. 또한 이렇게 추가한 컴포넌트들이 실제로 동작할 수 있도록 해주는 블록들도 어떤 것이 있는지 살펴봅니다. 마지막으로 앱 인벤터의 저장하기와 체크포인트 기능에 대해 알아봅니다.

PART 04 :: 버튼이 눌리면 야옹! 글자가 뿅!

버튼과 알림 컴포넌트를 사용해봅니다. 이 버튼과 알림을 활용해 버튼을 눌렀을 때 화면에 글자가 표시되도록 만들어봅니다. 또한 앱 인벤터로 만든 프로젝트를 앱으로 만들어서 QR코드나 APK 파일로 공유하는 방법도 살펴봅니다.

PART 05 :: 버튼 눌러 글자 바꾸기

원하는 텍스트를 표시할 수 있는 레이블 컴포넌트를 사용해봅니다. 레이블을 배치해서 원하는 텍스트를 표시하고, 버튼을 눌러 레이블의 텍스트를 바꾸는 작업을 해봅니다. 또한 레이블에 글자를 이쁘게 꾸미는 방법도 알아봅니다.

PART 06 :: 원하는 글자 입력하기

원하는 텍스트를 입력할 수 있는 텍스트박스 컴포넌트를 사용해봅니다. 텍스트박스를 배치해서 원하는 텍스트를 입력하고, 버튼을 눌러 텍스트박스에 입력한 텍스트를 기존에 추가한 레이블의 텍스트로 설정해봅니다. 또한 텍스트박스의 다양한 기능들에 대해 살펴봅니다.

PART 07 :: 버튼에 고양이 사진 넣기

버튼에 고양이 사진이 표시되도록 설정해봅니다. 이를 위해 이미지 파일을 어떻게 업로드하고 설정하는지 알아봅니다. 또한 사진이나 그림을 표시할 수 있는 이미지 컴포넌트에 대해서도 살펴봅니다. 이미지 컴포넌트의 각 속성에 대해서도 알아봅니다.

PART 08 :: 버튼이 눌리면 야옹! 소리내고 진동하기

앱에서 소리를 낼 수 있게 해주는 소리 컴포넌트를 사용해봅니다. 기존에 추가한 버튼을 누르면 고양이 소리가 나도록 만들어봅니다. 또한 소리가 나는 동시에 진동도 하도록 만들어봅니다. 그리고 소리 컴포넌트에 사용할 수 있는 다양한 효과음을 얻는 방법도 살펴봅니다.

PART 09 :: 폰을 마구 마구 흔들어!

스마트폰이 움직였는지 확인할 수 있는 가속도센서를 사용해봅니다. 이 가속도센서를 이용해 스마트폰을 흔들었을 때 고양이 소리가 나도록 만들어봅니다. 또한 가속도센서를 활용해서 만든 재밌는 앱 인벤터 앱들을 살펴봅니다.

PART 10 :: 그림판 만들기

그림을 그릴 수 있는 캔버스를 사용해봅니다. 캔버스를 활용해서 손가락을 드래그해서 선을 그릴 수 있도록 만들어봅니다. 또한 우리가 그림 그리기 앱을 만들 때 참고하기 위해 다양한 그림 그리기 앱들을 살펴봅니다.

PART 11 :: 선 굵기 바꾸기

드래그해서 값을 바꿀 수 있는 슬라이더를 사용해봅니다. 이 슬라이더를 이용해서 캔버스에서 그려지는 선의 굵기를 다르게 설정해봅니다. 또한 캔버스에 그린 그림을 파일로 저장하는 방법을 살펴봅니다.

PART 12 :: 선 색 바꾸기

버튼 색에 맞춰서 캔버스의 선 색을 바꾸는 것을 해봅니다. 예로 들어 빨간 버튼을 누르면 빨강색, 파란 버튼을 누르면 파랑색으로 선 색이 바뀌도록 만듭니다. 또한 하나의 블록으로 모든 버튼을 제어할 수 있는 모든버튼 블록에 대해 살펴봅니다.

PART 13 :: 배경 이미지 추가하기

캔버스에 배경 이미지를 추가하는 것을 해봅니다. 예로 색칠 공부를 할 수 있는 이미지를 추가해봅니다. 그리고 가속도센서를 이용해서 스마트폰을 흔들면 캔버스에 그린 것들을 지우게 만들어봅니다. 또한 배경 이미지를 아예 없애는 것도 해봅니다.

PART 14 :: 사진을 찍어 배경으로 사용하기

카메라로 사진을 찍은 뒤 그 사진을 캔버스에 배경으로 설정하는 것을 해봅니다. 또한 이미지선택버튼을 이용해서 스마트폰의 사진을 불러와 배경으로 설정하는 것도 해봅니다.

PART 15 :: 로켓을 기울여 움직이기

캔버스와 스프라이트를 이용해 게임처럼 로켓을 움직이는 앱을 만들어봅니다. 또한 게임을 만들 때 많이 사용하는 스프라이트 이미지를 무료로 얻을 수 있는 사이트를 소개합니다.

PART 16 :: 펄럭펄럭 움직이는 새

복수의 이미지를 이용해서 스프라이트로 애니메이션을 만들어봅니다. 새 이미지를 이용해 새가 날갯짓을 하는 것처럼 구현합니다. 그리고 애니메이션 부분과 움직이는 부분을 분리하는 것을 해봅니다.

PART 17 :: 통! 통! 공 튕기기

공을 추가해서 손가락으로 공을 튕길 수 있도록 만들어봅니다. 바로 손가락으로 튕긴 방향으로 공이 움직이고 모서리에 부딪치면 튕기도록 만들어봅니다. 또한 앱 인벤터로 만든 앱의 아이콘을 위해 웹 브라우저에서 아이콘을 제작하는 방법에 대해 알아봅니다.

PART 18 :: 화면 바꾸기

앱 인벤터의 화면을 바꿀 수 있는 스크린에 대해 알아봅니다. 스크린 3개를 준비해서 순서대로 스크린이 바뀔 수 있도록 만들어봅니다. 또한 스크린에서 다른 스크린으로 바뀔 때 원하는 정보를 전달하는 방법에 대해 알아봅니다.

이 책의 목차

이 책을 보는 법

'앱 인벤터, 상상을 현실로 만드는 프로젝트 입문편'은 상상을 현실로 만드는 프로젝트 유튜브 채널에서 저자가 직접 제작한 동영상 강의를 통해 좀 더 쉽고 재미있게 앱 인벤터를 배울 수 있습니다.

주소 | https://bit.ly/2GbgmVL

도서 및 동영상 관련 문의 사항은 저자 이메일(neosarchizo@gmail.com) 또는 영진닷컴 상상을 현실로 만드는 프로젝트 유튜브 채널에 언제든지 남겨주세요.

PART

01

앱 인벤터 소개

이번 장에서는 앱 인벤터가 어떻게 만들어지게 됐고, 어떤 특징을 가지고 있는 지 살펴봅니다. 그리고 앱 인벤터를 시작하기 전에 도움이 될 수 있는 스크래치 와 안드로이드에 대해 알아봅니다. 또한 앱 인벤더로 할 수 있는 프로젝트들에 대해 간단히 소개합니다.

앱 인벤터의 탄생

만약 여러분들이 안드로이드 앱을 개발해야 한다면 어떻게 해야 할까요? 전문 프로그래머처럼 안드로이드에 대한 전문 지식을 알아야 할까요? 전문 지식이 없어도 스크래치와 같은 블록 코딩을 다룰 줄 안다면 안드로이드 앱을 개발할 수 있어요. 바로 앱 인벤터를 이용하면 돼요. 앱 인벤터는 블록을 이용해 안드로이드 앱을 만들 수 있게 해주는 프로그램이에요. 컴퓨터에 별도의 프로그램을 설치할 필요 없이 웹 브라우저를 이용하면 되고, 작업하는 모든 결과물이 인터넷에 저장돼요. 만든 앱을 테스트할 때는 안드로이드 기기가 필요한데, 기기가 없더라도 에뮬레이터를 이용해 개발할 수 있어요.

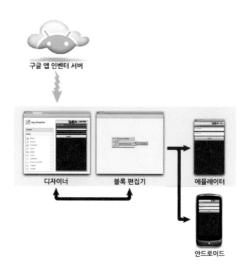

어려울 수 있지만, 교육학 쪽에 구성주의라는 말이 있어요. 구성주의는 사람이 경험으로부터 새로운 지식과 다양한 의미를 구성해낼 수 있다는 이론이에요. 쉽게 말해 꼭 학교나 학원에 가지 않아도 다양한 경험을 통해 무언가를 배울 수 있다는 거에요. 앱 인벤터는 구성주의에 입각해 시작한 프로젝트에요. 아이들이나 학생들이 앱 인벤터를 이용해 다양한 것을 만들다 보면 능동적으로 무언가를 배울 수 있을 거라고 생각했어요. 필자 또한 앱 인벤터라는 프로그래밍 도구를 배우는 자체가 중요한 게 아니라, 앱 인벤터를 이용해 아이들이나 학생들이 자신들의 아이디어를 마음껏 구현하고 다양한 것들을 경험하고 배우는 게 중요하다고 생각해요.

앱 인벤터는 2010년 구글에서 할 애벌슨 교수와 마크 프리드먼이 이끈 팀이 만들었어요. 이들은 누구나 프로그래밍을 보다 쉽게 할 수 있고, 교육에서도 프로그래밍을 쉽게 접할 수 있도록 만들고 싶었어요. 그러던 2011년, 구글은 이 프로젝트의 소스 코드를 공개하고, 기존 앱 인벤터 서버를 중단했어요. 대신 할 애벌슨 교수와 그의 동료들이 MIT에서 프로젝트를 계속 이어갈 수 있게 지원했어요. 그리고 2012년 3월에 MIT 버전 앱 인벤터가 나왔어요.

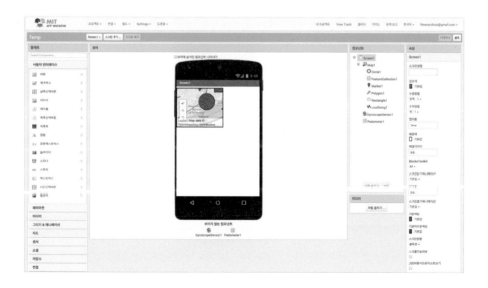

그러다 2013년 12월 6일 MIT에서 현재 우리가 사용하는 버전인 앱 인벤터 2를 공개해요. 그리고 기존 앱 인벤터는 앱 인벤터 클래식이라는 이름으로 바뀌어요. 앱 인벤터는 블록 프로그래밍으로 유명한 스크래치를 만든 프로젝트와도 관련이 깊어요. 그래서 그런지 스크래치와 상당히 비슷하게 생긴 걸 볼 수 있어요.

앱 인벤터는 지금까지 전 세계적으로 많은 사랑을 받고 있어요. 2020년 1월 20일 기준으로 매주 26만 명이 사용하고, 195개국에서 1000만 명이 회원가입을 했다고 나와요. 그리고 4330만 개의 앱이 만들어졌어요. 게다가 앱 인벤터로 만든 앱은 구글 플레이에 등록할 수도 있어요. 따라서 여러분이 사용하는 안드로이드 앱 중에 어떤 건 앱 인벤터로 만든 앱일 수도 있어요.

스크래치

아마 많은 학생들이 스크래치(scratch.mit.edu)를 접해봤을 거예요. 스크래치와 앱 인벤터는 상당히 비슷해요. 특히나 둘 나 블록을 이용해 프로그램을 짠다는 점이 가장 닮았죠. 실제로 앱 인벤터가 개발될 때 스크래치로부터 많은 영향을 받았어요. 이 책에서 스크래치를 소개하는 이유는 스크래치로 블록 코딩에 익숙해지면 앱 인벤터의 프로그램도 쉽게 짤 수 있기 때문이에요. 스크래치는 웹 브라우저에서 곧바로 이용이 가능해요. 꼭 회원가입을 할 필요는 없지만 가입하면 자신이 만든 작품들을 저장하거나 공유할 수 있어요.

또한 앱 인벤터 전에 스크래치를 권하는 이유는 단순 블록으로 프로그래밍한다는 부분만 비슷한 게 아니라, 블록의 종류나 쓰임도 상당히 비슷하기 때문이에요. 스크래치의 블록 종류를 살펴보면 다음과 같아요.

- 동작 : 스크래치의 캐릭터(스프라이트)를 움직일 때 사용해요.
- 형태 : 스프라이트의 모양이나 크기 등을 바꿀 때 사용해요.
- 소리 : 다양한 소리를 낼 때 사용해요.
- 이벤트 : 프로그램이 시작될 때나 키를 눌렀을 때 등 특정 상황에 원하는 블록이 실행되도록 만들어요.

- 제어 : 조건문이나 반복문 등이 들어있어요.
- 감지 : 마우스를 클릭했는지, 스프라이트가 어디 닿았는지 알고 싶을 때 사용해요.
- 연산 : 수학 계산을 할 때 사용해요.
- 변수 : 정보의 그릇이라 할 수 있는 변수를 활용할 때 사용해요.
- 나만의 블록 : 자신만의 특별한 블록을 만들 때 사용해요.

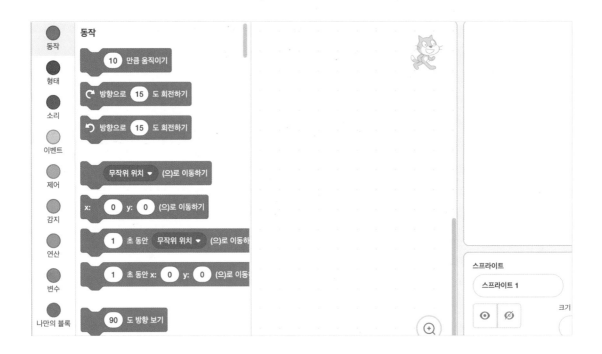

스크래치에는 무대라는 게 있어요. 그리고 무대 위에서 움직일 수 있는 스프라이트가 있어요. 기존에 있는 다양한 배경 목록에서 원하는 배경을 선택해 배경을 설정할 수 있어요. 또는 여러분이 원하는 배경을 직접 그려 꾸밀 수도 있어요. 스프라이트도 마찬가지에요. 무대의 주인공이 되는 스프라이트의 경우 바로 추가할 수 있는 다양한 스프라이트들을 사용할 수도 있고, 여러분만의 스프라이트도 그려서 사용할 수 있어요. 블록으로 만드는 프로그램은 주로 이 무대나 스프라이트를 제어하는데 사용돼요. 그리고 단순히 시각적으로 무대나 스프라이트만 제어하는 게 아니라 소리도 제어할 수 있어요. 예를 들면 스프라이트가 움직이면서 재미난 소리를 내거나, 무대를 기준으로 멋진 배경음이 나오게 만들 수도 있어요.

스크래치의 또 다른 매력은 자신이 만든 작품을 다른 사람들과 공유할 수 있다는 데 있어요. 따라서 다른 친구들이 만든 멋진 작품도 제가 구경할 수 있고요. 게다가 단순히 다른 사람의 작품을 실행해서 보는 것뿐 아니라, 블록을 어떻게 이용해 프로그래밍했는지 확인할 수 있어요. 앱 인벤터도 스크래치와 많은 부분에서 닮았어요. 나중에 뒤에서 자세하게 소개하겠지만 앱 인벤터도 직접 만든 프로젝트를 다른 사람들과 공유할 수 있어요. 앱 인벤터를 시작하기 전에 스크래치를 통해 블록으로 프로그래밍을 연습해보세요.

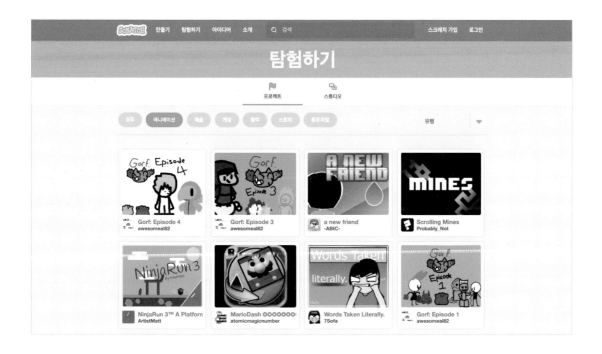

안드로이드

이제는 누구나 스마트폰을 사용한다고 말할 수 있어요. 어찌 보면 스마트폰은 모양만 전화기지 컴퓨터라 할 수 있어요. 그리고 컴퓨터를 보면 운영체제가 있듯이 스마트폰에도 운영체제가 있어요. 2019년 12월 기준으로 모바일에서 가장 많이 사용되는 운영체제가 안드로이드(약 75%)이고, 그다음이 아이폰에서 돌아가는 iOS(약 25%)예요. 아마 여러분도 이 둘 중 하나를 사용할 거에요. 앱 인벤터의 경우 블록을 이용해 안드로이드 앱을 만들 수 있어요. 2020년 11월 기준으로 현재 iOS용 앱 인벤터가 정식으로 출시가 되진 않았지만, 곧 iOS 앱도 앱 인벤터로 개발이 가능해질 거 같아요.

안드로이드는 구글 플레이에서 앱을 검색해 설치할 수 있어요. 물론 구글 플레이 말고도 다른 곳을 통해 앱을 설치할 수도 있어요. 인터넷에 보면 APK 확장자로 공유되는 프로그램들이 있는데, 이 프로그램들의 대부분이 안드로이드 프로그램이에요. 나중에 자세히 설명하겠지만, 앱 인벤터도 자신이 만든 프로그램을 APK로 내보낼 수 있어요. 이 파일을 이용해 친구들에게 앱을 공유할 수 있고, 구글 플레이에 등록할 수도 있어요. 주의해야 할 점은 아무 APK나 기기에 설치하면 안 된다는 거에요. 사람들이 간혹 나쁜 의도로 APK에 바이러스나 이상한 코드를 넣어서 공유하는 경우가 있기 때문이에요. 가급적 구글 플레이에서 등록된 앱을 사용하고, 혹시라도 다른 데서 APK를 받아 설치할 때는 백신 검사 프로그램 등을 이용해 확인하고 설치하는 것을 추천해요.

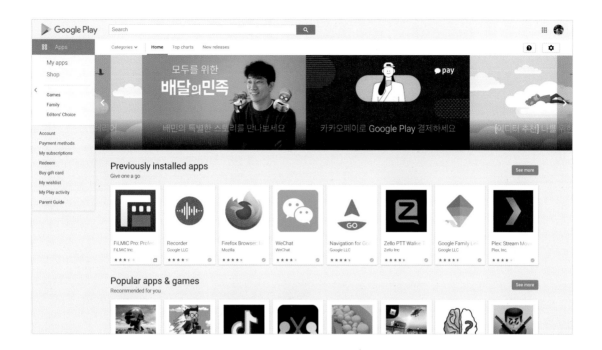

안드로이드의 프로그램은 우리가 PC에서 사용하는 프로그램과 유사해요. 하나의 차이점이 있다면 마치 카드 뭉치 같다는 거에요. 카드 뭉치는 가장 위에 있는 카드만 우리 눈에 보이듯이 안드로이드 프로그램도 가장 위에 있는 카드의 화면이 우리 눈에 보여요. 이 화면을 액티비티(Activity)라고 불러요. 따라서 안드로이드 프로그램은 필요한 액티비티들을 묶어 사용자들에게 보여주는 거라 할 수 있어요. 그리고 이 액티비티는 나중에 뒤에서 배울 앱 인벤터의 스크린과 비슷해요.

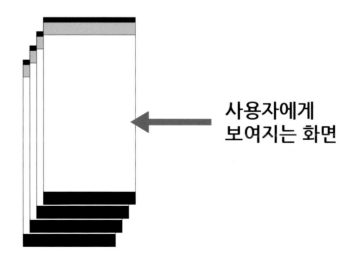

사용자에게
보여지는 화면

안드로이드의 프로그램은 기본적으로 자바(JAVA)라는 언어로 프로그래밍해요. 최근에는 이 자바보다 더 간단하게 만들 수 있도록 코틀린(Kotlin)이라는 언어도 나왔어요. 그리고 안드로이드 스튜디오라는 전용 프로그램을 이용해요. 필자도 안드로이드 개발을 하는데, 단순히 안드로이드 개발만 하는게 아니라 iOS 개발도 해요. 필자는 자바나 코틀린을 이용하지 않고 리액트 네이티브(React Native)를 활용해 하나의 코드로 안드로이드와 iOS 모두에서 돌아가는 하이브리드 앱을 개발해요. 전문가들은 앞에서 언급한 기술을 이용해 모바일 앱을 만들어요. 하지만 여러분은 앞의 기술들을 쓰지 않고도 블록을 이용해 쉽게 모바일 앱을 만들 수 있어요. 물론 단점도 있어요. 앱 인벤터가 쉬운 만큼 구현할 수 없는 복잡한 기능들도 존재해요. 하지만 일단 앱 인벤터로 실력을 기르고, 나중에 관심이 생겼을 때 앞에서 소개한 기술들을 배워 전문적으로 앱을 만들어보기를 추천해요.

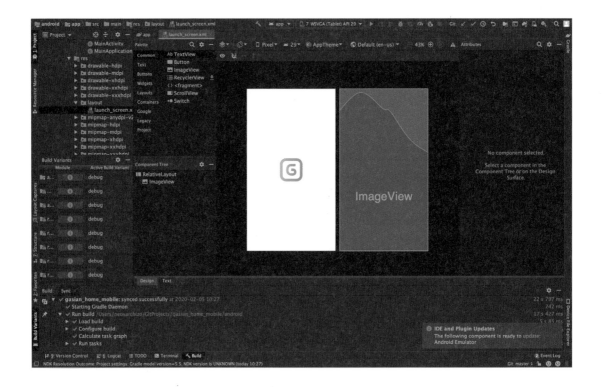

앱 인벤터로 할 수 있는 것들

앱 인벤터를 이용하면 앞에서 소개한 것과 같이 블록을 이용해 모바일 앱을 쉽게 만들 수 있어요. 그리고 앱 인벤터로 만든 앱을 구글 플레이에 등록할 수도 있어요. 참고로 앱 인벤터에는 갤러리가 있는데, 여기서 만든 앱을 공유하거나 다른 사람이 만든 앱을 구경할 수 있어요. 한번 앱 인벤터로 만든 앱을 살펴보고 어떤 것을 할 수 있는지 살펴볼까요?

01 │ 안드로이드, 내 차 어디 있어?(bit.ly/2UyImHM)

경기장이나 콘서트장 야외에 주차를 했는데, 만약 주차 구역이 정리가 안 되어있다면 나중에 어떻게 차를 찾을 수 있을까요? 근처에 무언가 기억할만한 것도 없다면 한참을 헤매야 차를 찾을 수 있을 거에요. 하지만 이 앱을 사용하면 스마트폰을 잊어버리지 않는 한 쉽게 차를 찾을 수 있어요. 안드로이드, 내 차 어디 있어?(Android, Where's My Car?) 앱을 만든 사람은 앞의 고민을 해결하기 위해 이 앱을 만들었다고 해요. 이 앱은 간단하게 현재 나의 위치와 저장된 위치를 알려주는데, 주차를 할 때 이 앱에 위치를 저장하면 돼요. 이렇게 안드로이드의 GPS를 활용한 앱을 만들 수 있어요.

02 | MyCarbonImpact(bit.ly/2OHKZ67)

지구의 기후 변화는 전세계적으로 꼭 풀어야 할 과제가 되고 있어요. 과거 과학자들이 경고했던 대로, 극지방의 얼음이 녹고, 바닷물의 수위가 올라가고, 지구의 평균 기온이 점점 증가하고 있어요. MyCarbonImpact의 개발자는 이 문제가 사람들에게 기후 변화에 대한 인식이 부족하기 때문이라고 생각하고 이 앱을 개발했어요. 이 앱은 우리 일상 속의 행동이 기후에 어느 정도 영향을 주는지 알려주는 앱이에요. 집에서 사용하는 에어컨이나 자동차의 사용시간 또는 주행거리 등을 입력하면, 어느 정도의 이산화탄소를 배출하는지 계산해줘요. 나아가 월 단위, 년 단위로 계산할 수도 있어요. 이렇듯 정보를 분석하며 사회에 큰 공헌을 할 수 있는 앱을 만들 수 있어요.

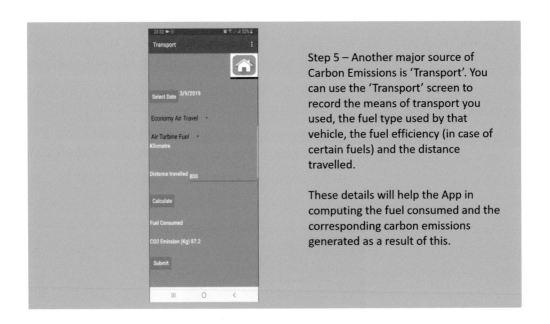

Step 5 – Another major source of Carbon Emissions is 'Transport'. You can use the 'Transport' screen to record the means of transport you used, the fuel type used by that vehicle, the fuel efficiency (in case of certain fuels) and the distance travelled.

These details will help the App in computing the fuel consumed and the corresponding carbon emissions generated as a result of this.

03 │ 대통령 퀴즈 (bit.ly/39r4d7Q)

우리나라의 16대 대통령은 누구일까요? 학생 여러분도 학교에서 대통령을 외우는지 모르겠지만, 필자가 학교에 다닐 때는 역대 대통령을 외우는 게 숙제였어요. 필자는 역대 대통령뿐만 아니라 다른 역사적 인물이나 역사적 사건을 잘 못 외웠어요. 지금 소개하는 앱은 저 같은 사람이 좀 더 쉽게 역대 대통령을 외울 수 있도록 만든 앱이에요. 이 앱은 미국 역대 대통령에 대한 퀴즈를 내요. 게다가 질문도 항상 똑같지 않고 달라지도록 만들어놨어요. 이렇게 앱 인벤터를 이용해 퀴즈나 학습용 앱을 만들 수 있어요. 참고로 앱 인벤터 튜토리얼에 이 앱을 어떻게 만들었는지 각 단계별로 설명이 잘 되어있어요. 여러분도 이 앱처럼 역대 한국 대통령 퀴즈 앱을 만들어보세요.

04 ┃ Pong (bit.ly/2HhYohi)

앞에서 소개한 스크래치는 스프라이트와 블록을 이용해 쉽게 게임을 만들 수 있어요. 앱 인
벤터에도 비슷한 것들이 있어요. 바로 공, 캔버스, 이미지스프라이트에요. 이번에 소개하는
앱은 앞에 있는 것들을 이용해 만든 탁구 게임 앱이에요. 마우스로 탁구채를 드래그해서 움
직이고, 탁구공이 벽이나 채에 부딪히면 다시 튕겨서 다른 데로 움직여요. 그리고 만약 사용
자가 공을 놓치면 게임이 종료돼요. 만약 채로 정확히 공을 때리면 점수가 올라가기도 해요.
게다가 공이 부딪힐 때 소리도 나고, 설정을 통해 이 소리를 켜고 끌 수도 있어요. 이렇듯 앱
인벤터를 이용해 게임도 만들 수 있어요. 원한다면 게임에서 스마트폰에 있는 기울기 센서
등을 활용할 수도 있어요.

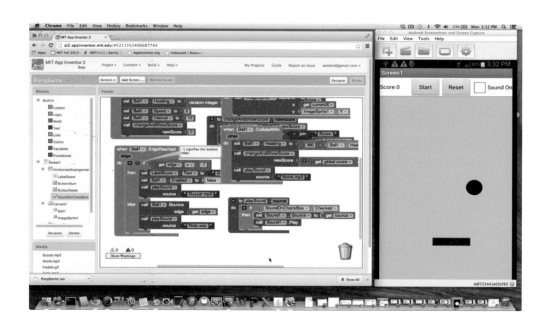

02

앱 인벤터 준비하기

이번 장에서는 앱 인벤터를 이용하기 위해 필요한 것들을 살펴봅니다. 앱 인벤터 안드로이드 앱을 설치하는 방법과 PC에서 앱 인벤터로 프로그래밍을 하기 위해 준비해야 할 것들을 소개합니다. 그리고 새로운 프로젝트를 만들고, 언어를 한글로 설정하는 방법도 소개합니다. 마지막으로 앱 인벤디와 안드로이드 기기 또는 에뮬레이터와 연결하는 것을 해봅니다.

앱 인벤터 준비하기

앱 인벤터는 PC에 별도의 프로그램을 설치할 필요 없이, 웹 브라우저를 이용해 곧바로 이용이 가능해요. 단, 앱 인벤터를 이용하기 위해선, 구글 계정이 필요해요. 우선 구글(www.google.com)로 이동해주세요. 이동하면 우측 상단에 [로그인] 버튼이 있어요. [로그인] 버튼을 클릭해주세요.

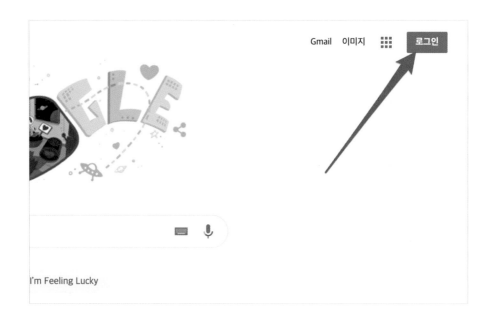

클릭하면 다음과 같은 화면이 나타나요. 여기서 [계정 만들기]를 클릭해주세요. 클릭하면 본인 계정으로 할지 비즈니스를 관리할지 뜨는데, 여기서는 개인으로 한다고 가정하고 [본인 계정]을 클릭해주세요.

다음과 같이 화면이 바뀌면 자신의 개인 정보를 입력해주세요. 다 입력했다면 [다음]을 클릭해주세요.

가입을 하려면 인증 코드를 확인할 수 있는 휴대폰이 필요해요. 만약 없는 학생들은 보호자의 도움을 받아 진행해주시기 바래요. 자신이 사용하는 휴대폰 번호를 입력해주세요.

번호를 입력하고 넘어오면, 문자로 받은 인증 코드를 입력하라고 떠요. 만약 문자를 확인할 수 없는 상황이면 전화로 대체를 클릭해서 진행해주세요. 인증 코드를 입력했다면 [확인]을 클릭해주세요.

다음으로 넘어오면 좀 더 자세한 개인정보를 입력하라고 나와요. 여러분의 개인정보를 입력해주세요. 단, 복구 이메일 주소를 입력할 때 정말 사용하는 이메일 주소를 입력해주세요. 혹시나 만든 계정을 분실하거나 문제가 발생했을 때 여기 입력한 메일을 통해 도움을 받을 수 있어요. 입력을 다 했다면 [다음]을 클릭해주세요.

다음으로 넘어오면 전화번호가 어떻게 활용되는지 설명이 나와요. 설명을 다 확인했다면 [예]를 클릭해주세요.

다음으로 넘어오면 개인정보 보호 및 약관에 대한 내용이 나와요. 확인을 다 했다면 [계정 만들기]를 클릭해주세요. 그러면 구글 계정 만드는 게 완료돼요.

앞에서 만든 계정으로 구글에 로그인해주세요. 로그인했으면 http://ai2.appinventor.mit.edu로 이동해주세요. 이동하면 다음과 같이 계정을 선택하라고 나와요. 앞에서 가입한 계정을 선택해주세요. 혹시나 여러 계정이 뜨면 앱 인벤터 용으로 사용할 계정을 선택해주세요.

처음 앱 인벤터에 들어갈 때 앱 인벤터 서비스에 대한 약관이 나와요. 확인하시고 [I accept the terms of service!]를 선택해주세요.

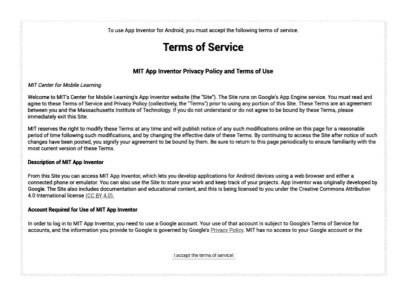

클릭하면 다음 화면이 뜨면서 앱 인벤터 페이지로 이동해요. 앱 인벤터 페이지에 들어갈 때마다 다음과 같은 화면이 떠요. 혹시나 이 창이 뜨길 원하지 않는다면 [Do Not Show Again] 체크박스를 선택하면 돼요. [Continue]를 클릭해주세요.

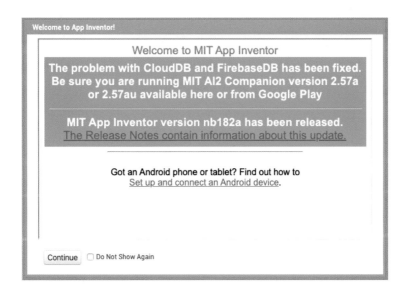

클릭하고 넘어오면 다음과 같은 화면이 뜨는 것을 볼 수 있어요. 다음과 같이 처음 앱 인벤터를 하는 사람들을 위한 튜토리얼을 제공해주고 있어요. 일단 여기서는 [CLOSE]를 클릭해주세요.

앱 인벤터 메뉴 우측에 보면 [English]라고 적힌 부분이 있어요. 이 부분을 클릭해주세요. 클릭하면 사용 가능한 언어들이 표시되는데, 이 중 [한국어]를 선택해주세요. 선택하면 메뉴가 한국어로 바뀐 것을 볼 수 있어요. 뿐만 아니라 블록들도 한글로 표시가 돼요.

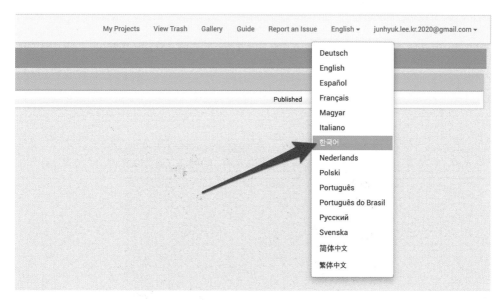

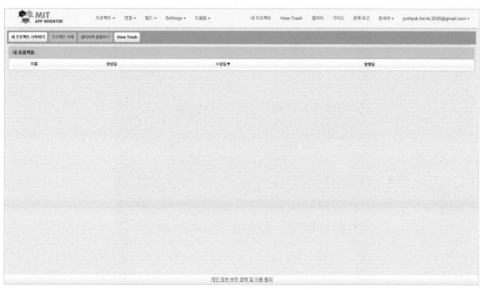

앱 인벤터를 하려면 안드로이드 기기 또는 에뮬레이터가 필요해요. 에뮬레이터는 실제 기기는 아니지만 프로그램적으로 가상 기기를 구현한 거에요. 에뮬레이터에 대해서는 뒤에서 다시 설명할 거에요. 안드로이드 기기에서 앱 인벤터 앱을 설치해야 해요. 구글 플레이에서 MIT AI2 Companion을 검색해주세요. 그러면 다음과 같이 앱이 검색돼요. MIT AI2 Companion을 설치해주세요.

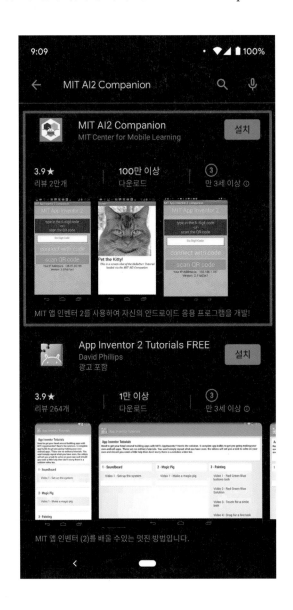

앱을 설치하고 처음 실행하면 다음과 같은 화면이 떠요. 여기서 허용을 클릭해주세요. 앱에서 스마트 폰에 있는 사진이나 미디어 파일을 사용할 수 있게 해줘요. 이걸 허용해줘야 나중에 앱이 정상적으로 동작할 수 있어요. 창을 닫으면 앱 화면이 뜨는 것을 볼 수 있어요. 이제 스마트폰에서 앱 인벤터와 연결할 준비가 된 거에요.

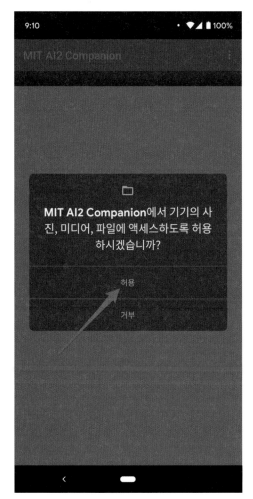

WiFi를 이용해 앱 인벤터 연결하기

이제 앱 인벤터 프로젝트와 스마트폰의 앱 인벤터 앱을 연결해볼 거에요. 화면 왼쪽 위 [새 프로젝트 시작하기] 버튼을 클릭하고, 새 프로젝트를 만들어 주세요. 프로젝트 이름은 여러분이 원하는 이름을 입력해주세요.

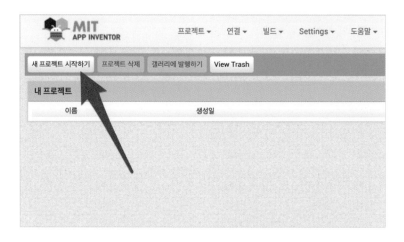

버튼을 누르면 알림이 표시되는 간단한 앱을 구현해서 테스트를 해볼 거에요. 디자이너 화면에서 사용자 인터페이스 쪽에 있는 버튼을 드래그해 화면에 추가해주세요.

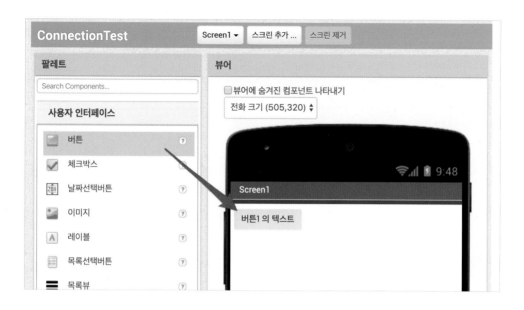

다음으로 블록 화면으로 이동해서 화면 왼쪽 부근에서 앞에서 추가했던 버튼1을 선택해주세요. 선택하면 버튼1을 제어할 수 있는 블록들이 표시돼요.

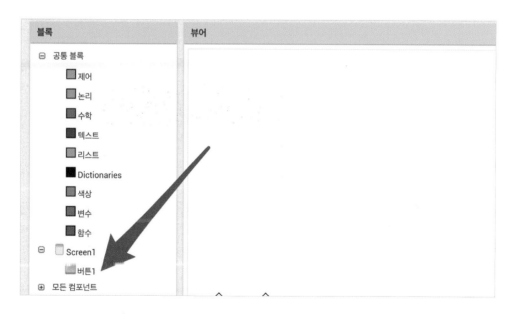

이 중 언제 버튼1.클릭했을때 블록을 드래그해서 뷰어에 추가해주세요. 화면에 있는 버튼1을 클릭했을 때 실행되는 블록이에요.

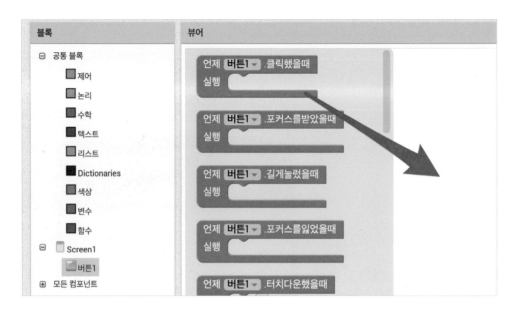

이번에는 화면에 알림을 띄우는 컴포넌트를 추가할 거예요. 디자이너로 이동해주세요. 그리고 사용자 인터페이스 쪽에 있는 알림을 드래그해 화면에 추가해주세요.

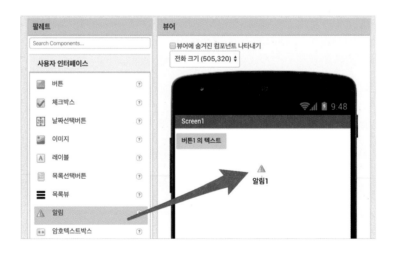

다시 블록 화면으로 이동해서 화면 왼쪽 부근에서 앞에서 추가했던 알림1을 선택해주세요. 선택하면 알림1을 제어할 수 있는 블록들이 표시돼요. 이 중 호출 알림1.경고창보이기 블록을 드래그해서 뷰어에 추가해주세요. 화면에 경고창 형태로 알림을 띄워주는 블록이에요. 블록을 드래그해서 기존에 추

가했던 언제 버튼1.클릭했을때 블록 쪽에 가까이 대면 노란색으로 하이라이트 되는 것을 볼 수 있어요. 이 상태에서 버튼을 놓으면 블록이 끼워져요.

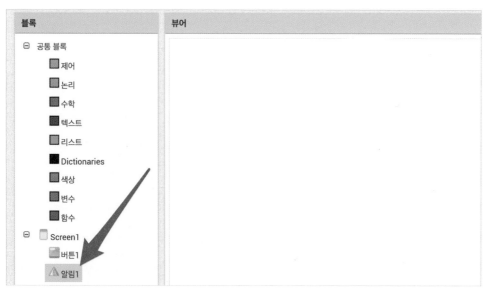

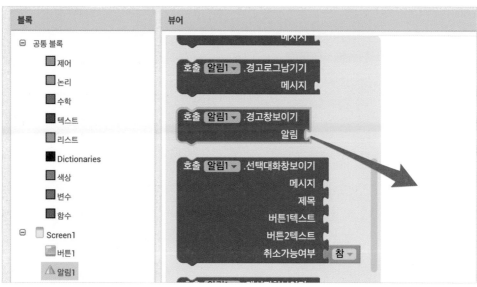

이번에는 텍스트 블록을 추가할 거예요. 공통 블록에서 텍스트를 선택해주세요. 그리고 텍스트 블록 중 문자 블록을 드래그해서 화면에 추가해주세요.

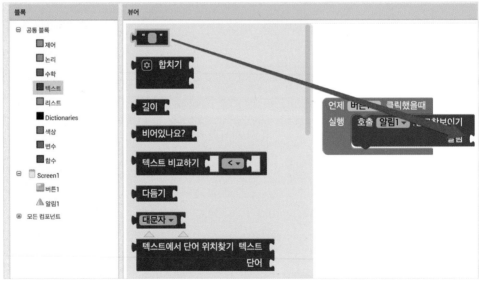

추가한 문자 블록의 칸을 클릭하고, 글자를 입력해주세요. 저는 "안녕하세요!"라고 입력했어요. 이렇게 하면 프로젝트는 다 완료된 거에요.

이제 작업한 프로젝트를 안드로이드 폰과 연결해볼게요. 위 메뉴에서 [연결] – [AI 컴패니언]을 선택해주세요. 선택하면 QR코드와 함께 연결창이 뜨는 것을 볼 수 있어요.

이번에는 안드로이드 폰에서 MIT AI2 Companion을 실행해주세요. 여기서 주의할 점은 안드로이드 폰이 연결하고자 하는 컴퓨터와 반드시 같은 네트워크에 있어야 된다는 거에요. 공유기를 사용한다면 컴퓨터와 안드로이드 폰이 같은 공유기에 연결되어 있어야 해요. 앱이 실행되면 [scan QR code] 버튼을 클릭해주세요. 클릭하면 카메라 화면이 뜨는데, 이때 컴퓨터 화면에 띄워진 QR코드를 향해주세요. 그럼 진행 바가 떴다가 연결되는 것을 볼 수 있어요.

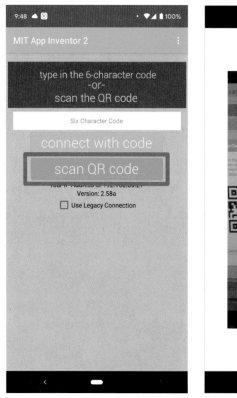

안드로이드 폰 화면을 보면 앞에서 우리가 디자이너에 추가한 것과 같은 버튼이 나오는 것을 볼 수 있어요. 이 버튼을 클릭해주세요. 그럼 블록에서 프로그래밍할 때 입력했던 글자가 화면에 표시되는 것을 볼 수 있어요. 앞으로 프로젝트를 진행할 때 이와 같이 앱 인벤터와 안드로이드 폰을 연결할 거에요.

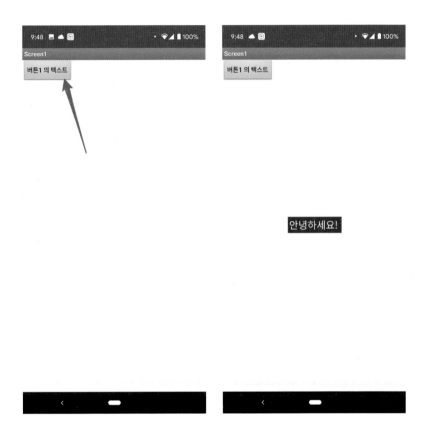

USB를 이용해 앱 인벤터 연결하기

WiFi가 아니라 USB를 이용해서도 앱 인벤터와 안드로이드 폰을 연결할 수 있어요. USB를 사용하기 위해서는 운영체제에 맞는 프로그램을 설치해줘야 해요. 다음을 보고 각 운영체제에 맞는 프로그램을 설치해주세요. 단, 윈도우를 사용하는 경우에는 안드로이드 폰을 연결하기 위한 드라이버를 미리 설치해야 해요. 안드로이드 폰의 윈도우 드라이버는 폰 제조사마다 다르기 때문에 제조사에 문의해주세요.

- 윈도우 : http://appinv.us/aisetup_windows
- 맥 : http://appinv.us/aisetup_mac_3.0rc3
- 리눅스 : http://appinv.us/aisetup_linux_deb

설치가 다 완료됐다면 다음은 aiStarter라는 프로그램을 실행해야 해요. 맥의 경우에는 프로그램을 실행할 필요가 없어요. 윈도우는 앞에서 프로그램을 설치하면 바탕화면에 aiStarter 아이콘이 추가된 것을 볼 수 있어요. 해당 아이콘을 클릭해 실행시켜주세요. 리눅스의 경우에는 터미널에서 [코드 2-1]을 입력해 실행할 수 있어요. 한 번 실행한 후에는 백그라운드에서 프로그램이 돌아가기 때문에 실행한 터미널 창을 닫아도 돼요.

[코드 2-1] 리눅스 aiStarter 실행

```
/usr/google/appinventor/commands-for-Appinventor/aiStarter &
```

안드로이드 폰을 PC에 연결하려면 안드로이드 폰에서 USB 디버깅 설정을 켜줘야 해요. 이 설정을 켜는 방법은 안드로이드 폰 제조사마다 다를 수 있기 때문에 가급적 가지고 있는 안드로이드 폰의 설명서를 확인해주세요. 일단 기본적으로 설정하는 방법을 살펴볼게요. 먼저 개발자 옵션을 활성화해야 해요. 안드로이드 폰 설정 안에 빌드 번호가 표시되는 부분이 있는데, 이 빌드 번호를 여러 번 클릭하면 돼요. 몇 번 클릭하고 나면 개발자 옵션이 추가됐다는 메세지를 볼 수 있어요. 이렇게 활성화된 개발자 옵션에 들어가면 USB 디버깅이 있어요. 이 설정을 활성화해 줘야 PC에서 안드로이드 폰과 통신을 할 수 있어요.

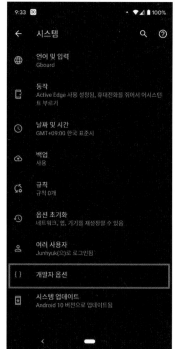
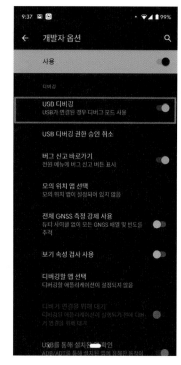

연결하려는 안드로이드 폰을 USB를 이용해 PC에 연결해주세요. 처음 연결하면 안드로이드 폰에 해당 PC를 신뢰하겠냐는 창이 떠요. 여기서 신뢰하겠다고 선택해주세요. 그리고 앱 인벤터에서 [연결] – [USB]를 선택해주세요. 선택하면 연결창이 뜨면서 안드로이드 폰에 자동으로 MIT AI2 Companion이 실행되어 연결되는 것을 볼 수 있어요.

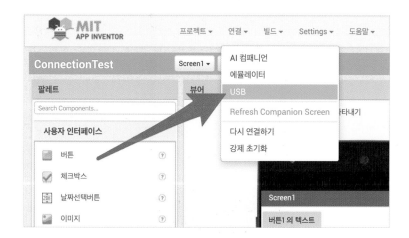

에뮬레이터 연결하기

혹시나 아예 안드로이드 폰이 없는 분들도 있을 거에요. 이런 경우에도 걱정할 필요 없어요. 에뮬레이터를 이용해 앱 인벤터를 사용할 수 있어요. 설치 과정은 앞에서 USB를 연결하기 위해 설치한 것과 동일해요. 앞에서와 같이 USB를 연결하기 위한 프로그램을 다 설치했다면, 앱 인벤터에서 [연결] - [에뮬레이터]를 선택해주세요. 선택하면 화면에 가상의 안드로이드 폰이 표시되는 것을 볼 수 있어요.

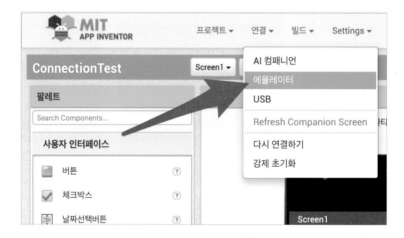

만약 에뮬레이터를 처음 실행하거나 MIT AI2 Companion이 에뮬레이터에 설치된 것보다 더 최신 버전이 나오면 다음과 같은 화면이 떠요. 바로 MIT AI2 Companion을 최신 버전으로 업데이트해 주는 프로그램이에요. 그냥 화면에 표시되는 대로 [NEXT]와 [INSTALL]을 클릭하면 돼요. 설치가 완료되면, 앱 인벤터에서 [연결] − [다시 연결하기]를 선택해 연결을 끊은 다음에 다시 [연결] − [에뮬레이터]를 눌러 에뮬레이터를 다시 실행시켜 주세요.

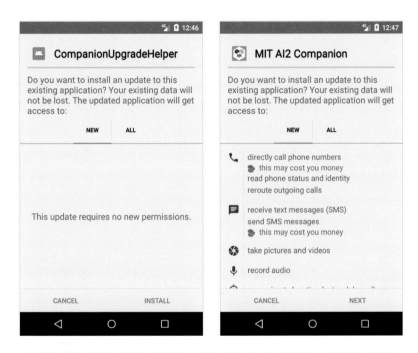

앱 인벤터에 도움되는 사이트들

앱 인벤터는 블록으로 프로그램을 짜요. 앞에서 소개했던 스크래치도 마찬가지고요. 찾아보면 블록을 이용해 프로그래밍 하는 도구를 많이 볼 수 있어요. 그리고 이런 도구들은 재미있을 뿐만 아니라, 앱 인벤터 프로그래밍을 하는데도 상당히 도움이 돼요. 이와 관련해 앱 인벤터 프로그래밍을 하는데 도움이 될만한 사이트들이 어떤 것이 있는지 소개해드릴게요.

01 | Snap! (snap.berkeley.edu)

스크래치와 거의 유사한 Snap!이란 프로그램이 있어요. 기본적인 것들은 스크래치와 거의 동일해요. 블록 종류나 프로그램 구성도 거의 동일해요. 하지만 스크래치에서 제공하지 않는 블록들이 많이 있어요. 예로 컴퓨터의 카메라 화면을 실시간으로 받아와서 사용한다거나, 마이크의 볼륨을 이용하는 블록들이 있어요. 그 중에서도 가장 큰 특징은 펜 블록이 있다는 거에요. 이 펜 블록을 활용하면 프로그램으로 화면에 그림을 그릴 수 있어요. 또한 이 기능을 활용해 게임도 만들 수 있어요.

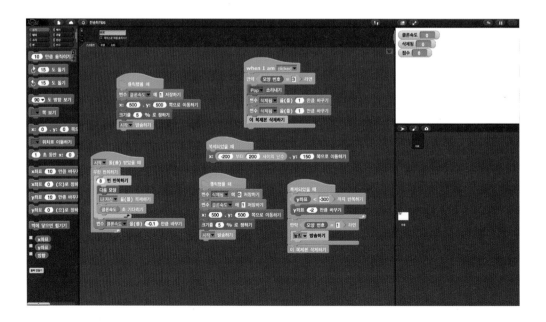

02 │ Code.org

Code.org는 소프트웨어 교육 관련 자료가 상당히 많은 곳이에요. 학생들이 좋아할만한 컨텐츠가 많고, 선생님들이 수업할 때 필요한 교육자료들도 잘 정리되어있어요. 뿐만 아니라 컴퓨터가 없는 환경을 위해 언플러그드 교육 자료도 제공하고 있어요. 사이트의 주된 자료들은 거의 블록을 활용한 프로그래밍으로 되어있어요. 여기 블록도 스크래치와 거의 동일해요. 대신 마인크래프트, 겨울왕국, 앵그리버드 같은 여러분이 좋아할만한 캐릭터도 블록을 활용해 조종할 수 있어요. 워낙 재미있게 잘 만들어놔서 프로그래밍 보다 게임을 한다고 생각할지 몰라요.

03 | Stencyl (stencyl.com)

스크래치나 앱 인벤터로도 게임을 만들 수 있어요. 하지만 스크래치는 오로지 웹 브라우저에서만 실행이 가능하고, 앱 인벤터는 복잡한 기능을 가진 게임을 만들기에는 한계가 있어요. 하지만 Stencyl이라는 프로그램을 이용하면 블록 코딩을 이용해 여러분 만의 게임을 만들 수 있어요. 이렇게 만든 게임을 구글 플레이나 앱 스토어에 올릴 수도 있고, 스팀에 올려서 윈도우 PC나 맥에서 실행되도록 만들 수도 있어요. Stencyl 홈페이지(stencyl.com/game/showcase)에 가면 Stencyl을 활용해 만든 게임들을 구경할 수 있어요.

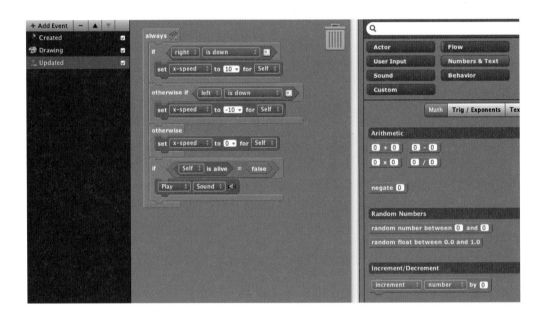

04 | Codespark (codespark.com)

Codespark는 블록을 활용한 코딩 교육 게임이에요. Codespark는 무료 프로그램이 아니에요. 7일 무료 사용이 가능하고, 그 이후부터는 한 달에 만원 정도 되는 요금을 내야 해요. 하지만 코딩 교육에 맞춰 정말 잘 만들어져 있어서 그만한 값어치를 해요. 필자의 경우에도 이 게임을 아들에게 몇 달 정도 시켜봤는데, 공부보다 게임을 하는 느낌으로 코딩을 익히는 모습을 볼 수 있었어요. 논리적 사고와 자료 구조 같이 코딩에 있어 상당히 중요하지만 다소 딱딱할 수 있는 주제들을 아기자기한 게임으로 만들어 스스로 흥미를 갖게 만들었어요. 당연히 모두 블록으로 코딩을 해요. 우선 무료로 다양한 게임을 체험해보세요.

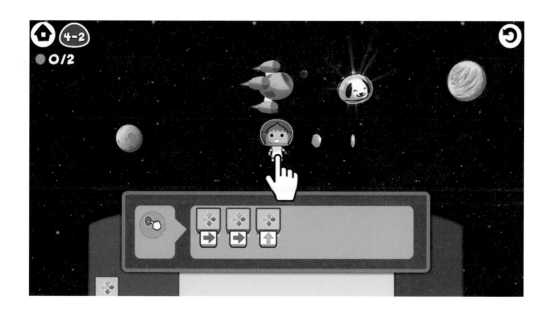

03

앱 인벤터 살펴보기

이번 장에서는 앱 인벤터의 구성 요소인 디자이너와 블록에 대해 살펴봅니다. 먼저, 디자이너에서 볼 수 있는 다양한 컴포넌트들에는 뭐가 있는지 소개합니다. 이렇게 추가한 컴포넌트들이 실제로 동작할 수 있도록 해주는 블록에는 어떤 것이 있는지 살펴봅니다. 마지막으로 앱 인벤터의 저장하기와 체크포인트 기능에 대해 알아봅니다.

디자이너

앱 인벤터를 살펴보기 위한 새로운 프로젝트를 만들 거예요. 다시 웹 브라우저에서 앱 인벤터 화면으로 돌아와주세요. 화면 왼쪽 위를 보면 [새 프로젝트 시작하기] 버튼이 있어요. 이 버튼을 클릭해주세요.

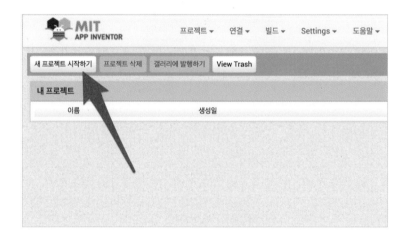

클릭하면 다음과 같이 프로젝트 이름을 설정하는 창이 떠요. 프로젝트 이름은 오로지 영어로만 쓸 수 있고, 중간에 빈 칸을 사용할 수 없어요. 여러분이 원하는 이름을 입력하고, [확인]을 클릭해주세요.

클릭하면 새로운 프로젝트가 만들어지면서 다음과 같은 화면이 나와요. 앱 인벤터 프로젝트는 두 화면으로 구성되어 있어요. 디자이너와 블록이에요. 지금 보는 화면이 디자이너 화면이에요. 모바일 앱에 버튼이나 그림 또는 영상과 같이 눈에 보여지는 것들이 필요하듯, 사용자에게 보여줄 도구들을 배치하는 화면이에요. 그리고 여기서는 각 도구들을 컴포넌트라고 불러요.

디자이너는 크게 다섯 가지 영역으로 나뉘어있어요. 팔레트, 뷰어, 컴포넌트, 미디어, 속성이에요. 여기서 팔레트는 단어 그대로 미술을 할 때 색을 고르는 것과 같이 사용할 컴포넌트들을 고르는 영역이에요. 팔레트에는 다음과 같은 종류의 컴포넌트를 사용할 수 있어요.

① 사용자 인터페이스 : 기본적으로 앱 사용자에게서 정보를 주거나 받기 위한 용도로 사용해요.

② 레이아웃 : 컴포넌트를 화면에 배치할 때 사용해요.

③ 미디어 : 영상, 소리와 같은 미디어 파일을 활용할 때 사용해요.

④ 그리기 & 애니메이션 : 그림을 그리는 용도로 사용해요.

⑤ 지도 : 앱에 지도 정보를 표시할 때 사용해요.

⑥ 센서 : 스마트폰이 가지고 있는 다양한 센서를 활용할 때 사용해요.

⑦ 소셜 : 전화, 문자 또는 트위터와 같은 것을 사용할 수 있어요.

⑧ 저장소 : 데이터를 스마트폰이나 인터넷에 저장할 때 사용해요.

⑨ 연결 : 인터넷이나 또는 블루투스를 활용할 때 사용해요.

⑩ 레고 마인드스톰 : 레고 마인드스톰을 활용할 때 사용해요.

⑪ 실험실 : 정식 기능은 아니지만, 테스트로 사용할 수 있는 기능들이 있어요.

⑫ 확장기능 : 원하는 기능을 이 부분에서 추가해 사용할 수 있어요.

각 팔레트의 컴포넌트를 종류별로 자세히 살펴볼게요. 우선 사용자 인터페이스를 보면 다음과 같은
컴포넌트들이 있어요.

	버튼	클릭을 하면 특정 동작이 실행되는 컴포넌트에요.
	체크박스	클릭에 따라 선택 또는 해제가 가능한 컴포넌트에요.
	날짜선택버튼	클릭하면 날짜를 선택할 수 있는 창이 표시돼요.
	이미지	사진 또는 그림을 보여주는 컴포넌트에요.
	레이블	텍스트를 화면에 표시해주는 컴포넌트에요.
	목록선택버튼	클릭하면 사용자가 선택할 수 있는 텍스트 목록을 표시해요.
	목록뷰	텍스트 목록을 표시해주는 컴포넌트에요.
	알림	앱에서 흔히 볼 수 있는 경고나 알림을 띄워주는 컴포넌트에요.
	암호텍스트박스	비밀번호를 입력하는 컴포넌트에요. 글자를 입력하면 입력한 글자를 가려줘요.
	슬라이더	컨트롤을 드래그해서 값을 조절할 수 있는 컴포넌트에요.
	스피너	목록을 팝업 형태로 표시해주는 컴포넌트에요.
	스위치	체크박스와 마찬가지로 클릭에 따라 선택 또는 해제가 가능한 컴포넌트에요.
	텍스트박스	사용자가 텍스트를 입력할 수 있는 컴포넌트에요.
	시간선택버튼	클릭하면 시간을 선택할 수 있는 창이 표시돼요.
	웹뷰어	웹페이지를 표시할 수 있는 컴포넌트에요.

다음으로 레이아웃에는 다음과 같은 컴포넌트들이 있어요.

	수평배치	컴포넌트들을 수평으로 배치할 때 사용해요. 왼쪽에서 오른쪽으로 정렬해줘요.
	스크롤가능수평배치	기본적으로 수평배치와 같지만, 스크롤할 수 있게 되어있어요.
	표형식배치	컴포넌트들을 표 형식으로 배치할 때 사용해요.
	수직배치	컴포넌트들을 수직으로 배치할 때 사용해요. 위에서 아래로 정렬해줘요.
	스크롤가능수직배치	기본적으로 수직배치와 같지만, 스크롤할 수 있게 되어있어요.

다음으로 미디어에는 다음과 같은 컴포넌트들이 있어요.

	캠코더	스마트폰의 카메라를 이용해 영상을 찍는 컴포넌트에요.
	카메라	스마트폰의 카메라를 이용해 사진을 찍는 컴포넌트에요.
	이미지선택버튼	이 버튼을 클릭하면 스마트폰의 갤러리 선택 창이 떠요. 여기서 원하는 이미지를 선택해서 앱 인벤터로 불러올 수 있어요.
	플레이어	특정 오디오를 재생하는 컴포넌트에요. 추가로 이 컴포넌트를 이용해 스마트폰의 진동도 제어할 수 있어요.
	소리	플레이어와 마찬가지로 특정 오디오를 재생하는 컴포넌트에요. 플레이어의 경우 배경음악과 같은 길이가 긴 소리를 재생하기에 좋은 반면, 이 컴포넌트는 효과음 같은 것을 재생할 때 좋아요.
	녹음기	스마트폰의 마이크를 이용해 소리를 녹음할 수 있는 컴포넌트에요.
	음성인식	소리를 글자로 변환해주는 컴포넌트에요.
	음성변환	앞에 음성인식과 반대로 글자를 소리로 변환해주는 컴포넌트에요.
	비디오플레이어	동영상을 재생할 수 있는 컴포넌트에요.
	얀덱스번역	Yandex 번역 서비스를 이용해 특정 언어를 다른 나라의 언어로 번역해주는 컴포넌트에요.

다음으로 그리기 & 애니메이션에는 다음과 같은 컴포넌트들이 있어요.

	공	스프라이트의 일종으로 캔버스 안에 넣고 드래그나 움직일 수 있는 컴포넌트에요.
	캔버스	안에서 그림을 그리거나 또는 스프라이트를 배치해 무대의 역할을 하는 컴포넌트에요.
	이미지스프라이트	캔버스 안에 넣을 수 있고, 게임 캐릭터처럼 위치나 모양을 바꿀 수 있어요.

다음으로 지도는 다음과 같은 컴포넌트들이 있어요.

	원	지도에 원을 표시할 수 있는 컴포넌트에요.
	형상모음	지도에 표시할 수 있는 도형을 그룹으로 관리하는 컴포넌트에요. 예를 들어 지도 상에 한국 땅을 팔도로 구획을 나눠 보여주고 싶다면, 이 컴포넌트를 이용하면 돼요.
	선연결	지도에 선을 그릴 수 있는 컴포넌트에요.
	지도	앱에서 구글 지도를 표시해주는 컴포넌트에요. 각 도형들은 이 컴포넌트 위에서 표시가 돼요.
	마커	일반적인 지도 앱에서 많이 볼 수 있는 마커를 지도상에 표시해주는 컴포넌트에요. 단순 표시만이 아니라 관련 정보도 표시해줘요.
	Navigation	이름 그대로 두 지점 사이를 기준으로 길을 안내해주는 컴포넌트에요. 이 컴포넌트를 사용하려면 OpenRouteService(openrouteservice.org)에 가입해서 API 키를 얻어야 해요.
	다각형	지도에 다각형을 그릴 수 있는 컴포넌트에요.
	사각형	지도에 사각형을 그릴 수 있는 컴포넌트에요.

다음으로 센서에는 다음과 같은 컴포넌트들이 있어요.

	가속도센서	스마트폰에 있는 가속도센서를 사용하는 컴포넌트에요. 어느 방향으로 힘이 가해져 움직였는지 알 수 있어요.
	바코드스캐너	바코드 스캐너를 사용하여 바코드를 읽을 수 있는 컴포넌트에요.
	Barometer	스마트폰의 바로미터를 이용해 기압을 재는 컴포넌트에요.

	시계	현재 시간 또는 날짜 정보를 얻을 수 있는 컴포넌트에요. 그리고 특정 동작을 일정한 간격으로 반복시키고 싶을 때도 사용해요.
	자이로센서	스마트폰에 있는 자이로센서를 사용하는 컴포넌트에요. 스마트폰이 어느 방향으로 기울어져있는지 알 수 있어요.
	Hygrometer	스마트폰의 습도센서를 이용해 습도를 재는 컴포넌트에요.
	LightSensor	스마트폰의 조도센서를 이용해 주위 밝기를 재는 컴포넌트에요.
	위치센서	스마트폰의 GPS를 이용해 현재 위치 정보를 알려주는 컴포넌트에요.
	MagneticFieldSensor	스마트폰의 지자기센서를 이용해 스마트폰 주위 자기장 관련 정보를 알려주는 컴포넌트에요.
	NFC	스마트폰의 NFC 기능을 이용해 NFC태그를 제어할 수 있게 해주는 컴포넌트에요.
	방향센서	스마트폰이 가리키는 방향을 알려주는 컴포넌트에요.
	만보기	얼마나 많이 걸었는지 알려주는 컴포넌트에요.
	근접센서	스마트폰의 스크린에서부터 특정 물체가 얼마나 떨어져있는지 알려주는 컴포넌트에요.
	Thermometer	스마트폰의 온도센서를 이용해 주위 온도를 재는 컴포넌트에요.

다음으로 소셜에는 다음과 같은 컴포넌트들이 있어요.

	연락처선택버튼	연락처를 선택할 수 있는 컴포넌트에요. 버튼을 클릭하면 연락처 목록이 표시돼요.
	이메일선택	이메일을 입력할 수 있는 컴포넌트에요. 입력하면 해당 글자가 표시된 메일 주소들을 표시해줘요.
	전화	전화를 걸어주는 컴포넌트에요. 화면 상에서 표시는 안되지만 특정 번호로 전화를 걸어줘요.
	전화번호선택버튼	전화번호를 선택할 수 있는 컴포넌트에요. 클릭하면 연락처 중에서 선택 가능한 전화번호 목록을 표시해줘요.
	공유	다른 앱에 파일 또는 메시지를 공유하는 컴포넌트에요. 이 컴포넌트도 화면 상에 표시되지 않아요.

🗨	문자메시지	문자를 보내주는 컴포넌트에요. 이 컴포넌트도 화면 상에 표시되지 않아요.
📧	트위터	트위터와 관련된 동작을 할 수 있는 컴포넌트에요. 특정 트윗을 검색하거나, 이미지를 넣은 트윗 보내기 등을 할 수 있어요. 이 컴포넌트도 화면 상에 표시되지 않아요.

다음으로 저장소는 다음과 같은 컴포넌트들이 있어요.

☁	클라우드DB	데이터를 저장하는 일종의 그릇을 데이터베이스라고 하는데, 인터넷에 연결된 데이터베이스 서버에 데이터를 저장하는 컴포넌트에요. 데이터베이스 서버도 종류가 많은데, 레디스라는 데이터베이스 서버와 연결할 수 있게 되어있어요. 이 컴포넌트는 화면 상에 표시되지 않아요.
📄	파일	스마트폰의 저장소 안에 파일을 쓰거나 읽을 때 사용하는 컴포넌트에요. 이 컴포넌트도 화면 상에 표시되지 않아요.
🗄	타이니DB	앱에서 간단하게 사용할 수 있는 데이터베이스 컴포넌트에요. 주의할 점은 이 컴포넌트로 저장한 데이터는 오로지 이 컴포넌트를 사용한 해당 앱에서만 사용이 가능해요. 다른 앱 인벤터 앱을 만들었다면 그 앱에서는 이 앱의 데이터베이스를 사용할 수 없어요. 이 컴포넌트도 화면 상에 표시되지 않아요.
⬆	타이니웹DB	인터넷에 타이니웹DB를 이용해 데이터를 저장할 수 있는 컴포넌트에요. 이 컴포넌트도 화면 상에 표시되지 않아요.

다음으로 연결은 다음과 같은 컴포넌트들이 있어요.

⚡	액티비티스타터	1장에서 안드로이드의 액티비티에 대해 소개했어요. 액티비티스타터는 다른 앱의 액티비티를 실행하는 컴포넌트에요. 즉, 다른 앱을 실행하거나, 다른 앱의 특정 기능을 실행할 수 있어요. 이 컴포넌트는 화면 상에 표시되지 않아요.
❈	블루투스클라이언트	스마트폰으로 블루투스 기기와 통신을 할 수 있어요. 그리고 블루투스 기기는 역할에 따라 클라이언트와 서버로 나눠지는데, 다른 블루투스 기기가 자신에게 연결을 해야만 서로 통신이 가능한 게 클라이언트에요. 그리고 스스로 다른 블루투스 기기에게 연결을 할 수 있는 게 블루투스 서버에요. 블루투스클라이언트는 스마트폰이 클라이언트로 동작하게 만드는 컴포넌트에요. 이 컴포넌트도 화면 상에 표시되지 않아요.

❋ 블루투스서버	스마트폰이 블루투스서버로 동작하게 만드는 컴포넌트에요. 이 컴포넌트도 화면 상에 표시되지 않아요.
∞ Serial	USB를 이용한 통신을 주로 시리얼 통신이라고 하는데, 스마트폰에 연결된 USB장치와 시리얼 통신을 할 수 있게 해주는 컴포넌트에요. 만약 스마트폰에 USB로 아두이노를 연결하면 이 컴포넌트를 이용해 아두이노와 통신할 수 있어요.
● 웹	인터넷 서버로 여러 데이터 요청을 할 수 있는 컴포넌트에요. 이 컴포넌트도 화면 상에 표시되지 않아요.

다음으로 레고® 마인드스톰®에는 다음과 같은 컴포넌트들이 있어요. 다음 컴포넌트들은 레고 마인드스톰이 있어야 사용 가능해요. 따라서 레고 마인드스톰 NXT나 레고 마인드스톰 EV3를 앱 인벤터로 제어할 수 있다는 것만 참고해주세요.

	Ev3모터
Nxt드라이브	Ev3색상센서
Nxt색상센서	Ev3자이로센서
Nxt조도센서	Ev3터치센서
Nxt소리센서	Ev3초음파센서
Nxt터치센서	Ev3소리
Nxt초음파센서	Ev3UI
Nxt직접명령	Ev3명령어

다음으로 실험실은 다음과 같은 컴포넌트가 있어요. 실험실은 주로 새로운 기능을 가진 컴포넌트가 있는 곳이에요.

 파이어베이스DB	파이어베이스는 구글 서비스 중에 하나에요. 참고로 파이어베이스의 경우 모바일 앱 개발에서 거의 가장 많이 쓰이는 서비스 중에 하나라 할 수 있어요. 파이어베이스 DB는 파이어베이스 데이터베이스와 통신할 수 있게 해주는 컴포넌트에요.

마지막으로 확장기능은 말 그대로 앱 인벤터에 확장기능을 추가하는 곳이에요. 앱 인벤터의 경우 다양한 기능이 있지만 없는 기능들도 많아요. 그런 기능들을 채워줄 수 있는 게 확장기능이에요. 확장기능은 앱 인벤터 확장기능 페이지(mit-cml.github.io/extensions)에서 검색할 수 있어요. 원하는 확장기능의 aix 파일을 받아서, [확장기능 추가하기] 버튼을 클릭하고 불러오면 돼요. 대략 다음과 같은 확장기능을 사용할 수 있어요.

- BluetoothLE : 앱 인벤터에서 기본적으로 사용하는 블루투스 클래식이에요. 그리고 최근에 많이 사용되는 게 블루투스LE에요. BluetoothLE는 앱 인벤터에서 블루투스LE를 사용할 수 있게 해주는 컴포넌트에요.
- LookExtension : LookExtension은 특정 사물을 인식할 수 있게 해주는 컴포넌트에요. 영상 또는 이미지를 기준으로 인식을 할 수 있고, 결과물을 다른 웹뷰어 컴포넌트에서 바로 확인할 수 있어요.
- ScaleDetector : 스마트폰에서 두 손가락을 이용해 화면을 확대하거나 축소하는 걸 많이 해볼 거에요. ScaleDetector는 캔버스에서 이와 같은 동작을 쉽게 할 수 있도록 해주는 컴포넌트에요.

프로젝트에 확장 프로그램 불러오기

컴퓨터에서 불러오기   URL

파일 선택   선택된 파일 없음

취소   Import

팔레트 다음으로 뷰어를 볼게요. 뷰어는 실제 스마트폰에서 보여질 화면을 나타내요. 앞에서 설명한 팔레트에 있는 컴포넌트를 드래그해 뷰어에 추가할 수 있어요. 예로 버튼과 같이 화면에서 볼 수 있는 컴포넌트의 경우 그림과 같이 드래그해서 추가할 수 있어요. 추가한 컴포넌트들 중에서 보이지 않는 컴포넌트는 뷰어 하단에 확인할 수 있어요.

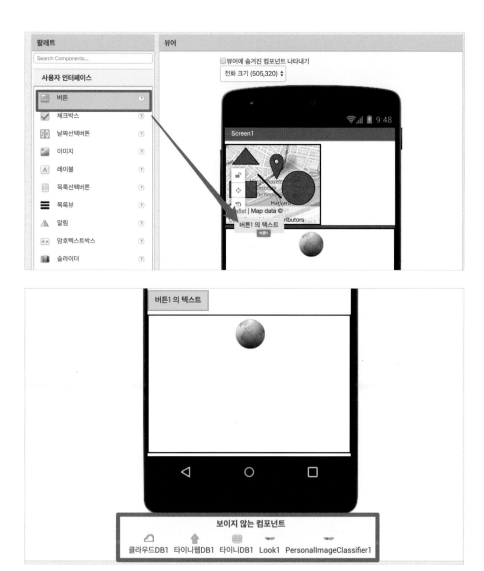

다음으로 뷰어 오른쪽을 보면 컴포넌트와 미디어가 있어요. 컴포넌트는 뷰어에 추가한 컴포넌트들을 보여주는 곳이에요. 여기서는 보이지 않는 컴포넌트들도 모두 표시돼요. 그리고 레이아웃이나 지도와 같이 컴포넌트 안에 컴포넌트를 추가할 수 있는 것도 계층별로 표시되어있어요. 그리고 컴포넌트 밑에 보면 미디어가 있어요. 미디어는 앱에서 사용하는 사진이나 소리 파일을 추가하거나 관리하는 곳이에요.

마지막으로 볼 것은 속성이에요. 속성은 말 그대로 각 컴포넌트의 속성을 설정하는 곳이에요. 예를 들면 버튼 컴포넌트의 경우 다음과 같은 속성을 가지고 있는데, 여기서 버튼의 크기나 색을 바꾸거나, 버튼 안에 들어가는 글자를 변경할 수 있어요.

속성
버튼1

배경색
■ 기본값

활성화
☑

글꼴굵게
☐

글꼴이텔릭
☐

글꼴크기
14.0

글꼴서체
기본값 ▾

높이
자동...

너비
자동...

이미지
없음...

블록

지금까지 디자이너 쪽을 살펴봤어요. 디자이너에서 다양한 컴포넌트들을 추가할 수 있는데, 과연 이 컴포넌트들은 어떻게 원하는 동작을 할까요? 바로 여러분들이 각 컴포넌트가 원하는 대로 동작하도록 프로그램을 짜줘야 해요. 그리고 그 프로그램은 블록화면에서 짤 수 있어요. 앱 인벤터 우측 상단에서 [블록] 버튼을 누르면 블록 화면으로 바뀌어요. 만약 디자이너 화면으로 돌아가고 싶다면 다시 [디자이너] 버튼을 클릭하면 돼요.

블록은 크게 세가지 영역으로 나뉘어있어요. 블록, 미디어, 뷰어에요. 여기서 블록은 디자이너에서 추가한 컴포넌트들을 실제로 어떻게 동작시킬지 프로그램을 짤 때 사용해요. 블록의 종류도 세가지로 구분되는데 일반적으로 사용되는 공통 블록, 화면에 배치된 컴포넌트들을 제어하는 블록, 그리고 같은 종류의 컴포넌트를 동시에 제어하는 모든 컴포넌트 블록이 있어요. 공통 블록의 종류를 살펴보면 다음과 같아요.

- 제어 : 일반적으로 앱 인벤터를 제어하는 블록들이 들어있어요.
- 논리 : 조건문에 필요한 논리 블록들이 들어있어요.
- 수학 : 수학적인 계산을 하는 블록들이 들어있어요.
- 텍스트 : 글자와 관련된 작업을 하는 블록들이 들어있어요.
- 리스트 : 여러 값을 가질 수 있는 리스트를 제어하는 블록들이 들어있어요.
- Dictionaries : 리스트와 비슷하지만 키를 가지고 값을 관리할 수 있는 사전(Dictionary)을 제어할 수 있는 블록들이 들어있어요.
- 색상 : 색과 관련된 블록들이 들어있어요.
- 변수 : 정보를 담는 그릇인 변수를 제어할 수 있는 블록들이 들어있어요.
- 함수 : 만들어진 블록을 사용할 수도 있지만, 여러분이 직접 블록을 만들 수 있어요. 함수는 여러분만의 블록을 만들 때 사용해요.

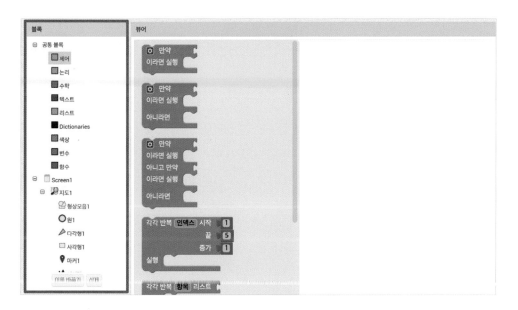

한번 공통 블록을 종류별로 자세히 살펴볼게요. 우선 제어는 다음과 같은 블록들이 있어요.

만약 이라면 실행 : 논리 조건이 맞으면 안에 들어있는 블록이 실행돼요. 만약 조건이 맞지 않다면 아무것도 실행되지 않아요.

만약 이라면 실행 아니라면 : 논리 조건이 맞는다면 이라면 실행 쪽 안에 있는 블록들이 실행돼요. 만약 조건이 틀리면 아니라면 쪽 안에 블록이 실행돼요.

만약 이라면 실행 아니고 만약 이라면 실행 아니라면 : 이 블록은 조건을 2개 확인해요. 첫번째 논리 조건이 맞으면 첫번째 이라면 실행 안에 블록들이 실행돼요. 만약 첫번째 논리 조건이 틀리면 두번째 논리 조건을 확인해요. 두번째 논리 조건이 맞다면 두번째 이라면 실행 안에 블록들이 실행돼요. 두번째 논리 조건도 틀리면 아니라면 쪽 안에 블록들이 실행돼요. 참고로 블록 왼쪽 상단에 있는 기어 버튼을 누르면 이라면 실행 부분을 더 늘릴 수 있어요.

각각 반복 인덱스 시작 끝 증가 : 이 블록은 인덱스 의 값이 시작 쪽에 끼워진 값에서 시작해 끝 쪽에 끼워진 값이 될 때까지 안에 있는 블록들을 반복해요. 인덱스 값은 반복이 실행될 때마다 증가 쪽에 끼워진 값만큼 증가해요.

각각 반복 항목 리스트 실행 : 이 블록은 리스트 쪽에 끼워진 리스트의 값 갯수만큼 반복해요. 리스트는 여러 개의 값이 하나의 주머니에 있는 형태인데, 그 주머니에 있는 값들을 하나씩 꺼낼 때마다 항목 이라고 표시된 그릇 안에 값이 담겨요. 그리고 실행 쪽 안에 있는 블록들에서 이 항목 안에 들어있는 값을 사용할 수 있어요.

조건 반복 조건 실행 : 이 블록은 조건 쪽에 끼워진 논리조건이 맞는 동안에는 계속 반복해요. 만약 반복을 진행하다가 어떤 이유로 해당 논리조건이 더 이상 맞지 않게 되면 반복은 중단돼요. 반복할 때는 실행 쪽 안에 있는 블록들이 실행돼요.

만약 이라면 아니면 : 지금은 어려울 수 있지만 블록코딩에서 블록은 각자 하나의 함수를 뜻하고 실행이 다 되고 나서 결과값을 돌려주는 함수도 있어요. 이 블록도 3개의 블록을 사용하는데, 만약 쪽은 논리조건, 이라면 과 아니면 은 실행한 뒤 결과값을 돌려주는 블록들이 사용돼요. 논리 조건이 참이라면 이라면 쪽 블록의 결과값이 이 블록을 사용하는 블록에게 전달되고, 거짓이라면 아니면 쪽 블록의 결과값이 전달돼요.

실행 후 결과값 반환 : 이 블록은 실행 후 쪽 안에 있는 블록들을 실행하고, 모든 블록이 다 실행되면 블록이 끼워진 더 큰 블록 쪽으로 특정 값을 보내줘요. 보내는 값은 결과값 반환 쪽에 끼워진 블록의 값을 사용해요.

결과값 무시하고 실행하기 : 이 블록은 앞에서 봤던 것처럼 실행하고 값을 전달하는 블록들이 있는데, 이 블록들이 주는 결과값은 무시하고 실행만 하기 위해 사용해요.

다른 스크린 열기 스크린 이름 : 안드로이드를 설명할 때 각 화면은 액티비티라고 설명했듯이 앱 인벤터에서 각 화면은 스크린이에요. 그리고 스크린은 자신만의 이름을 가지고 있는데, 그 스크린 이름을 이용해 특정 스크린이 화면에 표시되게 할 수 있어요. 이 블록은 스크린 이름을 이용해 다른 스크

린을 화면에 표시하는 블록이에요.

```
다른 스크린 열기  스크린 이름
```

시작 값을 전달하며 다른 스크린 열기 스크린 이름 시작 값 : 앞에 블록이 그냥 특정 스크린을 열었다면, 이 블록은 특정 스크린을 여는 동시에 필요한 정보를 전달하는 블록이에요. 해당 스크린은 시작할 때 시작 값 에 끼워진 값을 받아요.

```
시작 값을 전달하며 다른 스크린 열기  스크린 이름
                                시작 값
```

시작 값 가져오기 : 앞에서 다른 스크린을 열 때 시작 값을 전달했다면, 이 블록을 이용해 그 시작 값을 가져올 수 있어요.

```
시작 값 가져오기
```

스크린 닫기 : 이 블록은 현재 화면에 보이는 스크린을 닫을 때 사용해요.

```
스크린 닫기
```

값을 반환하며 스크린 닫기 결과 : 이 블록도 현재 화면에 보이는 스크린을 닫을 때 사용해요. 대신 차이점이 화면이 닫힐 때 다음에 화면에 보여질 스크린에게 결과 쪽에 끼워진 값을 전달해요.

```
값을 반환하며 스크린 닫기  결과
```

앱 종료: 이 블록은 앱을 완전히 종료시킬 때 사용해요.

앱 종료

시작 텍스트 가져오기 : 이 블록은 시작 값 가져오기 블록과 동일하지만 다른 점이 시작 값이 텍스트 즉 오로지 글자로만 되어있다고 가정하고, 시작 값을 가져오는 게 달라요.

시작 텍스트 가져오기

텍스트를 반환하며 스크린 닫기 텍스트 : 이 블록도 값을 반환하며 스크린 닫기 결과 블록과 비슷하게 스크린을 닫으면서 값을 전달하는 게 비슷한데, 결과 값이 꼭 텍스트라는 점이 달라요.

텍스트를 반환하며 스크린 닫기 텍스트

반복 멈추기 : 이 블록은 이 블록을 가지고 있는 반복 블록의 반복을 멈춰요. 만약 여러 반복 블록이 중첩되어있고 이 블록을 사용한다면, 이 블록이 끼워진 가장 작은 크기의 반복 블록을 멈춰요.

반복 멈추기

다음으로 논리 블록을 살펴볼게요.

참, 거짓 : 다음 두 블록은 조건문에서 사용해요. 참은 말 그대로 '맞다'를 뜻하고, 거짓은 '틀리다'를 뜻해요.

아니다 : 이 블록은 특정 논리 블록의 값을 반대로 만들어요. 만약 조건이 참인 게 있다면 거짓으로, 반대로 거짓은 참으로 만들어요.

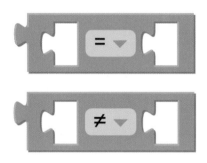

=, ≠ : 이 블록들은 양쪽의 값이 같은지 또는 다른지 확인할 때 사용해요.

그리고 : 이 블록은 양쪽 조건이 모두 참인지 확인할 때 사용해요. 두 조건 모두 참이어야지만 이 블록의 결과도 참이 돼요.

또는 : 이 블록은 양쪽 조건 중 하나라도 참이 있는지 확인할 때 사용해요. 만약 모든 조건이 다 거짓이라면 이 블록의 결과도 거짓이 돼요.

다음으로 수학 블록을 살펴볼게요.

값 : 이 블록은 특정 블록에 숫자 값을 입력할 때 사용해요.

비교 블록 : 이 블록은 좌우 블록의 값을 비교할 때 사용해요. 그리고 비교를 한 뒤 참 또는 거짓의 값을 반환해요. 종류는 다음과 같아요.

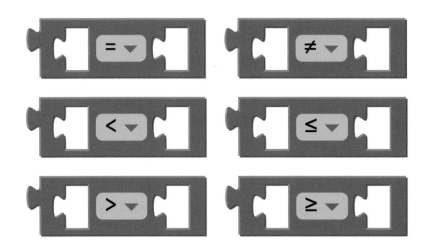

덧셈 블록 : 이 블록은 블록들의 값을 모두 합칠 때 사용해요.

뺄셈 블록 : 이 블록은 왼쪽 블록에서 오른쪽 블록의 값을 뺄 때 사용해요.

곱셈 블록 : 이 블록은 블록들의 값을 모두 곱할 때 사용해요.

나누기 블록 : 이 블록은 왼쪽 블록에서 오른쪽 블록의 값을 나눌 때 사용해요.

제곱 블록 : 이 블록은 왼쪽 블록의 값을 오른쪽 블록의 값만큼 제곱할 때 사용해요.

비트 연산 블록 : 비트는 숫자를 이진법으로 나타낸 거에요. 그리고 비트 연산은 이진법으로 표현한 숫자들을 각 자릿수마다 비교하는 거에요. 다음 블록은 비트 연산을 할 때 사용해요.

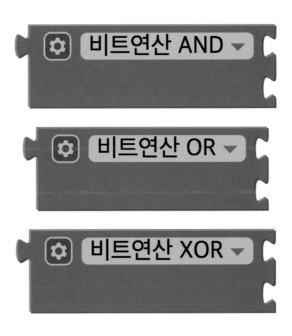

임의의 정수 블록 : 이 블록은 특정 숫자에서 특정 숫자까지 안에서 임의의 정수를 뽑을 때 사용해요. 임의의 정수를 뽑을 때 여기서 사용한 시작 값과 끝 값도 뽑힐 수가 있어요.

임의의 분수 블록 : 이 블록은 0과 1 사이의 임의의 분수를 뽑을 때 사용해요.

난수 시드 지정하기 : 원래 컴퓨터에서 완벽한 난수란 존재할 수 없어요. 왜냐면 완전 같은 환경의 두 컴퓨터로 난수를 생성하면 결국 똑같은 수를 만들 수 밖에 없어요. 따라서 난수를 만들 때 시드라는 기준값을 사용해요. 일반적으로는 현재 시간을 시드로 사용하는데, 이 블록은 사용자가 직접 시드를 설정할 때 사용해요.

최솟값/최댓값 블록 : 이 블록은 모든 값 중에 최솟값과 최댓값을 구할 때 사용해요.

제곱근 블록 : 제곱근 및 다양한 값을 계산할 때 사용하는 블록이에요. 다음과 같은 값을 계산할 수 있어요.

모듈로 블록 : 이 블록은 왼쪽 블록의 값에서 오른쪽 블록의 값을 나눴을 때 모듈로, 나머지, 몫을 구할 때 사용해요.

삼각함수 블록 : 이 블록은 삼각함수를 이용할 때 사용해요. 다음과 같은 계산이 가능해요.

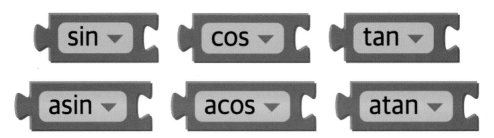

atan2 블록 : 다음 블록은 4사분면 역탄젠트 값을 계산할 때 사용하는 블록이에요.

라디안 / 각도 변환 블록 : 이 블록은 라디안을 각도로 또는 각도를 라디안으로 변환할 때 사용하는 블록이에요.

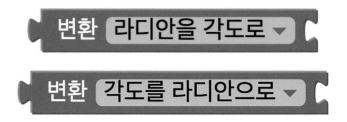

소수로 나타내기 블록 : 이 블록은 특정 숫자 값에 자릿수를 설정해서 소수로 표시할 때 사용해요.

값 종류 확인 블록 : 이 블록은 값이 어떤 종류인지 확인할 때 사용해요. 다음과 같은 확인이 가능해요.

진법 바꾸기 블록 : 이 블록은 숫자 값을 다른 진법의 수로 바꿀 때 사용해요. 다음과 같은 변환이 가능해요.

다음으로 텍스트 블록을 살펴볼게요.

문자 블록 : 이 블록은 특정 블록에 텍스트를 입력할 때 사용해요.

합치기 블록 : 이 블록은 여러 텍스트를 하나로 합칠 때 사용해요.

길이 블록 : 이 블록은 텍스트의 길이를 알려줘요.

비어있나요? 블록 : 이 블록은 텍스트 블록이 비어있는지 알려줘요.

텍스트 비교하기 블록 : 이 블록은 텍스트의 글자를 ABC 또는 가나다 순을 기준으로 비교할 때 사용해요.

다듬기 블록 : 이 블록은 텍스트 앞뒤에 있는 빈 칸 등을 없앨 때 사용해요.

대문자/소문자 블록 : 이 블록은 영어 텍스트를 대문자로 또는 소문자로 바꿀 때 사용해요.

텍스트에서 단어 위치찾기 : 이 블록은 특정 텍스트에서 찾고자 하는 단어가 몇 번째 위치에서 시작
하는지 확인할 때 사용해요.

텍스트가 단어를 포함하는가? : 이 블록은 특정 텍스트에서 찾고자 하는 단어가 포함되었는지 확인할 때 사용해요.

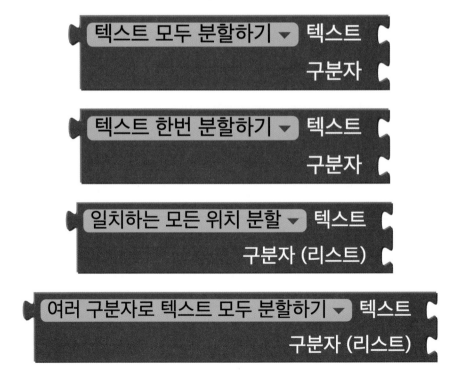

분할하기 블록 : 이 블록은 특정 텍스트를 구분자로 기준잡아 분할할 때 사용해요. 분할한 결과는 리스트 형태가 돼요. 다음과 같은 종류를 가지고 있어요.

- 텍스트 모두 분할하기 : 구분자를 기준으로 텍스트에서 나눌 수 있는 모든 부분을 분할해요.
- 텍스트 한번 분할하기 : 구분자를 기준으로 텍스트에서 나눌 수 있는 모든 부분에서 첫번째 부분만 분할해요.
- 일치하는 모든 위치 분할 : 여러 구분자를 기준으로 텍스트에서 나눌 수 있는 모든 부분을 분할해요.
- 여러 구분자로 텍스트 모두 분할하기 : 여러 구분자를 기준으로 텍스트에서 나눌 수 있는 모든 부분에서 첫번째 부분만 분할해요.

빈 칸으로 분할하기 블록 : 이 블록은 빈 칸을 이용해 텍스트를 분할할 때 사용해요.

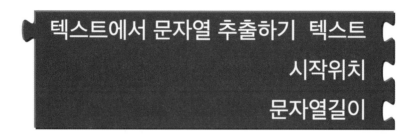

텍스트에서 문자열 추출하기 블록 : 이 블록은 텍스트에서 특정 시작위치부터 특정 길이의 글자를 추출할 때 사용해요.

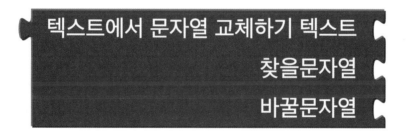

텍스트에서 문자열 교체하기 블록 : 이 블록은 텍스트의 특정 문자를 다른 문자로 바꿀 때 사용해요.

텍스트 난독화 블록 : 이 블록은 문자 블록과 비슷하나 글자를 확인하기 어렵게 만든다는 게 달라요. 비밀번호나 중요한 정보의 경우 이 블록을 사용하면 좋아요.

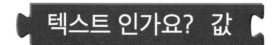

텍스트 인가요? 블록 : 이 블록은 특정 값이 텍스트인지 아닌지 확인할 때 사용해요.

다음으로 리스트 블록을 살펴볼게요.

빈 리스트 만들기 블록 : 이 블록은 빈 리스트를 만들 때 사용해요.

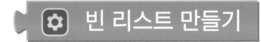

리스트 만들기 블록 : 이 블록은 여러 값을 묶어 리스트를 만들 때 사용해요.

항목 추가하기 : 이 블록은 이미 만들어진 리스트에 특정 값을 추가할 때 사용해요.

리스트에 있는가? 블록 : 이 블록은 이미 만들어진 리스트에 특정 값이 있는지 확인할 때 사용해요.

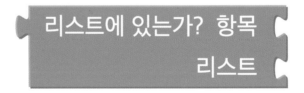

길이 구하기 블록 : 이 블록은 이미 만들어진 리스트의 길이 즉 안에 값이 몇 개 들어있는지 확인할 때 사용해요.

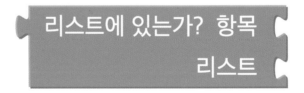

리스트가 비어있는가? 블록 : 이 블록은 이미 만들어진 리스트가 비어있는지 확인할 때 사용해요.

리스트가 비어있는가? 리스트

임의의 항목 선택하기 블록 : 이 블록은 이미 만들어진 리스트에서 임의의 값을 꺼낼 때 사용해요.

임의의 항목 선택하기 리스트

위치 구하기 블록 : 이 블록은 이미 만들어진 리스트에서 특정 값의 위치를 확인할 때 사용해요.

위치 구하기 항목
리스트

항목 선택하기 블록 : 이 블록은 이미 만들어진 리스트에서 특정 위치의 값을 꺼낼 때 사용해요.

항목 선택하기 리스트
위치

항목 삽입하기 블록 : 이 블록은 이미 만들어진 리스트에서 특정 위치에 새로운 값을 끼워 넣을 때 사용해요. 만약 해당 위치와 해당 위치 다음에 값들이 있었다면 모두 한 칸씩 밀려나요.

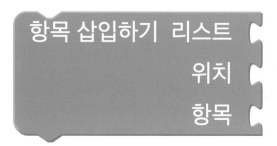

항목 삽입하기 리스트
위치
항목

항목 교체하기 블록 : 이 블록은 이미 만들어진 리스트에서 특정 위치에서 값을 다른 값으로 바꿀 때 사용해요.

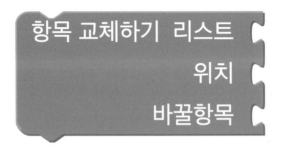

항목 삭제하기 블록 : 이 블록은 이미 만들어진 리스트에서 특정 위치의 값을 지울 때 사용해요. 만약 그 위치 다음에 값들이 있었다면 모두 한 칸 앞으로 당겨져요.

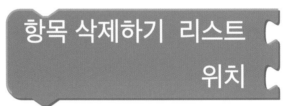

리스트 붙이기 블록 : 다음 블록은 이미 만들어진 두 개의 리스트가 있다고 가정할 때, 한 리스트 뒤에 다른 리스트를 갖다 붙일 때 사용해요.

리스트 붙이기 리스트1
리스트2

리스트 복사하기 블록 : 이 블록은 이미 만들어진 리스트를 복사해서 똑같은 리스트를 만들 때 사용해요.

리스트 복사하기 리스트

리스트인가요? 블록 : 이 블록은 값 또는 변수가 리스트 형태인지 확인할 때 확인해요.

리스트인가요? 값

역순으로 바꾸기 블록 : 이 블록은 이미 만들어진 리스트의 값들을 거꾸로 정렬할 때 사용해요.

역순으로 바꾸기 리스트

CSV행으로 바꾸기 블록 : CSV는 콤마로 값들을 구분하는 문서의 한 종류에요. 이 블록은 이미 만들어진 리스트의 값을 CSV의 한 행으로 만들 때 사용해요.

CSV행으로 바꾸기 리스트

CSV표로 바꾸기 블록 : 이 블록은 이미 만들어진 리스트의 값을 CSV의 표로 만들 때 사용해요. 지금은 어려울 수 있는데, 리스트 각각의 값도 리스트 형태여야 사용이 가능해요. 즉, 리스트 칸 안에 작은 리스트가 들어갈 수 있어요.

CSV표로 바꾸기 리스트

CSV행을 리스트로 바꾸기 블록 : 이 블록은 CSV행 형태의 텍스트를 리스트로 만들 때 사용해요. 즉, 텍스트의 값이 콤마로 구분된 형태여야 해요.

CSV행을 리스트로 바꾸기 텍스트

CSV표를 리스트로 바꾸기 블록 : 이 블록은 CSV표 형태의 텍스트를 리스트로 만들 때 사용해요. 즉, 콤마로 값을 구분하는 형태의 행이 여러 개 있는 텍스트가 필요해요. 그리고 여기서 만들어진 리스트는 작은 리스트들을 값으로 가지고 있는 큰 리스트 형태가 돼요.

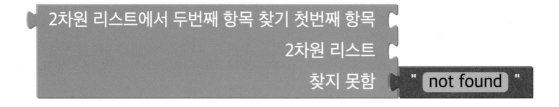

2차원 리스트에서 두번째 항목 찾기 첫번째 항목 : 아까 설명했듯이 리스트 안에 작은 리스트가 들어갈 수 있는데 이런 걸 2차원 리스트라고 해요. 이 블록은 이미 만들어진 리스트의 모든 값들이 모두 길이가 2인 작은 리스트 형태라고 가정하고, 블록에 끼운 첫 번째 항목과 같은 값을 작은 리스트의 첫 번째 값에서 찾으면 그 해당 작은 리스트의 두 번째 값을 알려줄 때 사용해요. 만약 모든 리스트의 값을 확인해도 못 찾으면 블록에 끼운 찾지 못함 항목 값을 돌려줘요. 다소 어려울 수 있는데 이런 블록이 있다고만 알고 있으세요.

항목 합치기 구분자 블록 : 이 블록은 이미 만들어진 리스트의 값들을 블록에 끼운 구분자 값을 중간에 넣어 하나의 텍스트로 만들 때 사용해요.

다음으로 사전(dictionary) 블록을 살펴볼게요. 프로그래밍에서는 사전 형태의 데이터 구조를 많이 사용해요. 기본적으로 리스트와 같지만 값이 있고 그리고 그 값을 찾을 수 있는 열쇠가 있다는 게 특징이에요. 아직 사전 블록들은 한글화가 안 되어있고, 처음 프로그래밍을 하는 분들에게는 다소 어려울 수 있으니 이런 것들이 있다는 정도로 참고해주세요.

create empty dictionary 블록 : 이 블록은 빈 사전을 만들 때 사용해요.

make a dictionary 블록 : 이 블록은 여러 사전 값들을 묶어 사전을 만들 때 사용해요. 사전 값은 앞서 설명한대로 열쇠(key)와 값(value)으로 이뤄져 있어요.

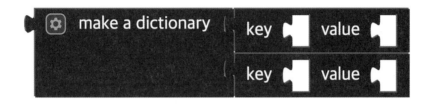

key value 블록 : 이 블록은 하나의 사전 값을 뜻해요.

get value for key 블록 : 이 블록은 이미 만들어진 사전에서 특정 열쇠를 기준으로 값을 찾을 때 사용하는 블록이에요. 만약 찾지 못하면 or if not found 부분에 끼운 값을 전달해요.

set value for key 블록 : 이 블록은 이미 만들어진 사전에 있는 특정 열쇠 칸의 값을 다른 값으로 바꿀
때 사용해요.

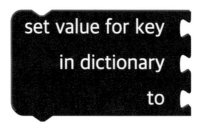

remove entry for key 블록 : 이 블록은 이미 만들어진 사전에서 특정 열쇠를 가지고 있는 사전 값을
지울 때 사용해요.

get value at key path 블록 : 이 블록은 get value for key 블록과 유사하지만 get value for key 블록
이 하나의 열쇠 값을 기준으로 값을 찾았다면, 이 블록은 여러 계층의 열쇠 값을 기준으로 한다는 점
이 달라요. 왜냐면 사전도 리스트처럼 사전 값 안에 또 작은 사전이나 리스트가 존재할 수 있기 때문
이에요. 예로 "학교", "이름" 두 개의 값을 가진 리스트를 블록 첫번째에 끼우면 사전에서 열쇠가 "학
교"인 사전 값을 찾고, 다시 그 값 안에서 열쇠가 "이름"인 사전 값을 찾아요. 다소 어려울 수 있기 때
문에 이런 블록이 있다는 것만 알아주세요.

set value for key path 블록 : 이 블록도 get value at key path 와 유사하게 값을 찾은 뒤 값을 바꿔요.

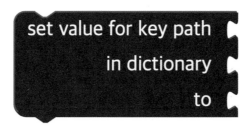

get 블록 : 이 블록은 이미 만들어진 사전 블록에서 열쇠들이나 값들을 확인할 때 사용해요.

is key in dictionary? 블록 : 이 블록은 이미 만들어진 사전에 특정 열쇠가 있는지 확인해요.

size of dictionary 블록 : 이 블록은 이미 만들어진 사전 블록의 크기를 확인할 때 사용해요.

list of pairs to dictionary 블록 : 이 블록은 2개의 값을 가진 작은 리스트를 여러 개 가지고 있는 리스트를 사전으로 바꿀 때 사용해요. 따라서 각 작은 리스트의 첫번째 값이 열쇠, 두번째 값이 해당 열쇠의 값이 돼요.

dictionary to list of pairs 블록 : 이 블록은 앞서 설명한 `list of pairs to dictionary` 블록의 반대예요. 바로 이미 만들어진 사전을 두 개의 값을 가진 작은 리스트를 여러 개 가지고 있는 리스트 형태로 변환해줘요.

dictionary to list of pairs   dictionary

copy dictionary 블록 : 이 블록은 이미 만들어진 사전을 복사해 똑같은 사전을 만들 때 사용해요.

copy dictionary   dictionary

merge into dictionary 블록 : 이 블록은 이미 만들어진 사전이 두 개 있다고 가정했을 때 한 개의 사전을 다른 사전에 합칠 때 사용해요.

merge into dictionary
from dictionary

list by walking key path 블록 : 이 블록은 `get value at key path` 블록과 동일하지만 결과값이 리스트라는 차이가 있어요. 바로 해당 계층 열쇠들에 해당하는 하나의 값만 전달하는 게 아니라 여러 값들을 묶어서 전달해요.

list by walking key path
in dictionary or list

walk all at level 블록 : 이 블록은 `list by walking key path` 블록에서 사용해요. `list by walking key path` 블록이 값을 각 층마다 확인하면서 내려가는데, 특정 층에 있는 값들을 모두 확인해야 할 때

이 블록을 사용해요.

is a dictionary? 블록 : 이 블록은 특정 값이 사전이 맞는지 확인할 때 사용해요.

다음으로 색상 블록을 살펴볼게요.

색 블록 : 다음 블록들은 색을 입력할 때 사용해요. 여기 나와있는 색을 사용할 수도 있고, 또는 색 부분을 클릭해서 여러분이 원하는 색을 선택할 수도 있어요.

색상 만들기 블록 : 색은 기본적으로 세가지 정보로 이뤄져 있어요. 빨강색, 초록색, 파랑색이에요. 그리고 각 색의 정도는 0부터 255까지로 되어있어요. 만약 빨강색의 정도는 255이고 나머지가 다 0 이면, 그 색은 결국 빨강색이 돼요. 이 블록은 이와 같은 식으로 세 값을 갖는 리스트를 활용해 원하는 색을 만들 때 사용해요.

색상 분리하기 블록 : 이 블록은 색상 만들기 블록의 반대에요. 색상 만들기 블록이 세 값을 가진 리스트를 색으로 만들었다면, 색상 분리하기 블록은 거꾸로 색을 세 값을 가진 리스트로 만들 때 사용해요.

다음으로 변수 블록을 살펴볼게요.

전역변수 만들기 이름 초기값 블록 : 이 블록은 특정 이름을 갖는 전역 변수를 처음 설정할 때 사용해요. 변수란 일종의 정보를 담는 그릇이에요. 그리고 전역변수는 코드 전체에서 사용할 수 있는 변수라 할 수 있어요.

가져오기 블록 : 이 블록은 변수의 값을 가져올 때 사용해요.

지정하기 값 블록 : 이 블록은 변수에 새로운 값을 넣을 때 사용해요.

지역변수 만들기 이름 초기값 블록 : 이 블록은 지역변수를 만들 때 사용해요. 지역변수는 전역변수와는 달리 이 블럭 안쪽에서만 사용이 가능해요.

지역변수 만들기 이름 초기값 블록 : 이 블록은 앞 블록과 같이 동일하게 지역변수를 만들 때 사용해요. 하지만 이 블록을 실행하고 마지막에 결과값을 전달할 수 있다는 게 달라요.

다음으로 함수 블록을 살펴볼게요.

함수 만들기 블록 : 함수 블록들은 간단하게 나만의 블록을 만드는 거라 생각할 수 있어요. 이 블록은 함수를 만들 때 사용해요. 원하는 이름을 가진 함수를 만들 수 있어요.

함수 호출하기 블록 : 이 블록은 앞에서 함수 만들기 블록으로 만든 함수를 호출할 때 사용해요.

함수 만들기 결과값 반환 블록 : 이 블록도 함수를 만드는 블록이지만 결과값을 전달하는 함수 블록을 만든다는 게 달라요.

call 블록 : 이 블록도 함수 호출하기 블록과 같으나 결과값을 반환하는 함수를 호출한다는 게 달라요.

공통 블록 다음으로 스크린 관련 블록을 볼 거예요. 스크린 관련 블록은 디자이너에서 뷰어에 추가했던 컴포넌트들을 제어하는 블록들을 뜻해요. 뷰어에서 해당 컴포넌트의 속성을 설정했다면, 이 스크린 관련 블록을 활용해 실제 해당 컴포넌트가 어떻게 동작할지 프로그래밍을 할 수 있어요. 컴포넌트의 종류만큼이나 스크린 관련 블록의 종류가 워낙 많기 때문에 여기서는 따로 설명하진 않을 거예요. 대신 프로젝트를 진행하면서 필요한 스크린 관련 블록을 그때 그때마다 설명하도록 할게요. 그리고 블록 밑에 보면 뷰어와 같이 미디어가 있어요. 기능도 뷰어에서 설명한 것과 동일해요.

다음으로 볼 것이 뷰어 영역이에요. 블록에서 뷰어 영역은 실질적으로 블록을 이용해 프로그래밍을 하는 곳이에요. 앞에서 소개했던 블록들 중에서 필요한 블록을 이 영역에 드래그해 추가하면 돼요. 블록을 조합해서 프로그래밍하는 것은 앞에서 소개했던 스크래치와 거의 유사해요. 그리고 뷰어 영역의 한쪽을 보면 여러 기능을 가진 아이콘들을 볼 수 있어요.

우선 다음 아이콘은 블록을 이용해 만든 프로그램에 에러 또는 경고가 있는지 알려줘요. 혹시나 프로그램이 동작이 안 된다거나 문제가 있다면 이 부분에서 그 문제를 찾고 해결할 수 있어요.

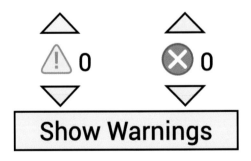

다음 아이콘은 특정 블록을 저장해요. 운영체제나 특정 프로그램을 사용할 때 보면 클립보드라는 게 있어요. 글자나 여러 정보를 클립보드에 저장했다가 나중에 필요할 때 꺼내 쓸 수 있어요. 여기 이 아이콘도 클립보드와 같은 역할을 해요. 당장 사용할 건 아니지만 나중에 사용할 일이 있는 블록을 이

가방 안에 저장했다가 나중에 꺼내 사용할 수 있어요.

이 아이콘은 뷰어의 화면을 정중앙으로 이동시키거나 블록의 크기를 확대나 축소를 할 때 사용해요.

이 아이콘은 블록을 삭제할 때 사용해요. 필요 없는 블록을 이 휴지통 아이콘에 드래그하면 삭제돼요. 또는 해당 블록을 클릭하고 DEL키를 눌러도 삭제가 가능해요.

저장하기와 체크포인트

앱 인벤터를 사용할 때는 저장에 신경 쓸 필요가 없어요. 왜냐하면 주기적으로 자동 저장이
되기 때문이에요. 물론 필요하면 수동으로 저장할 수도 있어요. 또한 복잡한 프로젝트를 만
드는 경우 하나의 저장 파일로 관리하기에 번거로운 경우가 있을 수 있어요. 이런 경우를 위
해 다른 이름으로 저장하기와 체크포인트를 활용하면 좋아요. 한번 각 기능들을 어떻게 사
용하는지 알아볼게요.

01 | 프로젝트 저장하기

원래 컴포넌트를 추가하거나 블록을 추가하는 경우 자동 저장이 이뤄지는데, 혹시나 현재
작업한 것을 확실하게 수동으로 저장하고 싶다면 수동으로 저장을 할 수 있어요. 앱 인벤터
메뉴에서 [프로젝트] – [프로젝트 저장하기] 버튼을 클릭해주세요. 클릭하면 저장됐다는 메
시지를 볼 수 있어요.

02 | 프로젝트 다른 이름으로 저장

혹시나 현재 작업하는 프로젝트의 복사본 프로젝트를 만들고 싶은 경우가 있을 거에요. 앱 인벤터 메뉴에서 [프로젝트] – [프로젝트 다른 이름으로 저장 ...] 버튼을 클릭해주세요. 클릭하면 이름을 입력하라고 나오는데, 전에 프로젝트를 처음 만들 때와 같이 오로지 영어, 숫자 그리고 언더바(_)만 사용해서 입력해줘야 해요. 입력하면 화면이 복사본 프로젝트 화면으로 바뀌는 것을 볼 수 있어요.

03 ┃ 체크포인트

[체크포인트]는 다른 이름으로 저장하기와 기능이 거의 같아요. 하지만 다른 이름으로 저장하기의 경우 저장 후 복사본 화면으로 화면이 바뀌는 반면 체크포인트는 현재 작업 중인 프로젝트 화면에서 그대로 남아있어요. 따라서 기존 프로젝트에서 작업은 계속 하면서 중요한 순간을 다른 이름으로 저장만 하고 싶다면 다른 이름으로 저장하기 대신 체크포인트를 사용하는 게 편해요.

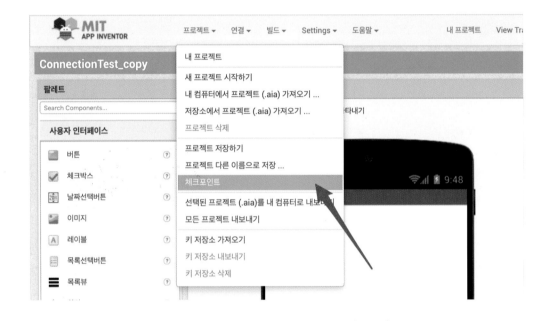

04 | 프로젝트 삭제하기

프로젝트의 복사본이나 체크포인트를 만들게 되면 나중에 필요 없는 프로젝트들이 생길 수
도 있어요. 이 경우에 프로젝트 목록에서 필요하지 않은 프로젝트들을 삭제할 수 있어요. 메
뉴에서 [프로젝트] – [내 프로젝트]를 클릭해주세요. 클릭하면 프로젝트 목록화면으로 이동
해요. 여기서 삭제하고자 하는 프로젝트들을 선택하고, [프로젝트 삭제] 버튼을 클릭하면 삭
제가 돼요. 혹시나 실수로 삭제한 프로젝트가 있다면 [View Trash] 버튼을 클릭해서 휴지통
으로 이동해 다시 복구할 수도 있어요.

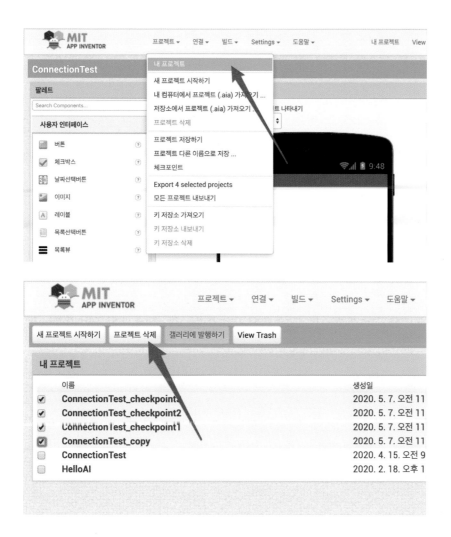

버튼이 눌리면 야옹! 글자가 뿅!

이번 장에서는 버튼과 알림 컴포넌트를 사용해봅니다. 이 버튼과 알림을 활용해 버튼을 눌렀을 때 화면에 글자가 표시되도록 만들어봅니다. 또한 앱 인벤터로 만든 프로젝트를 앱으로 만들어서 QR코드나 APK 파일로 공유하는 방법도 살펴봅니다.

컴포넌트 추가하기

이번에는 버튼과 알림 컴포넌트를 활용해 버튼을 눌렀을 때 화면에 글자가 표시되도록 만들 거예요. 메뉴에서 [프로젝트] – [새 프로젝트 시작하기]를 선택해주세요. 저는 이름을 HelloCat으로 지었어요. 꼭 똑같이 지을 필요 없고 여러분이 원하는 이름을 입력해도 돼요. 참고로 이번 시간에 만든 프로젝트를 다음 챕터들에서도 계속 사용할 거예요.

팔레트의 사용자 인터페이스에서 버튼과 알림을 찾아 뷰어 쪽으로 드래그해 추가해주세요.

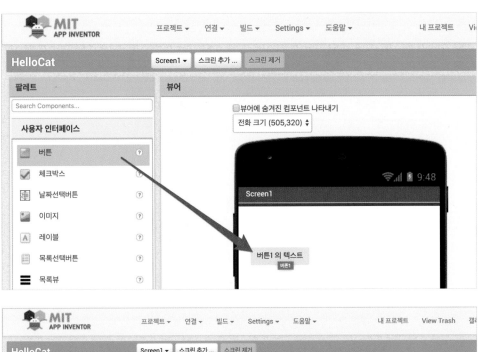

일반적으로 컴포넌트를 추가하면 [컴포넌트 이름][번호] 형태로 이름이 설정돼요. 그런데 이런 식으로 추가되는 컴포넌트가 늘어나면 나중에 블록 코딩을 할 때 어떤 컴포넌트가 어떤 건지 구별하기 힘들어질 거에요. 이를 위해 컴포넌트에 이름을 설정해주는 편이 좋아요. 컴포넌트 영역에서 방금 추가한 버튼1을 클릭하고 [이름 바꾸기] 버튼을 클릭해주세요. 저는 버튼1의 이름을 '버튼_알림'으로 바꿨어요. 알림1은 앞으로도 거의 1개만 사용할거기 때문에 이름을 바꾸지 않았어요.

버튼을 추가했을 때 화면에 표시되는 버튼 텍스트가 다음과 같이 되어있어요. 이 텍스트도 수정할 수 있어요. 우선 컴포넌트 영역에서 버튼_알림을 선택한 상태에서 속성 영역에 텍스트 부분으로 이동해 주세요. 여기 표시하고 싶은 글자를 입력하면 돼요. 글자를 입력하고 엔터를 누르면 버튼 안에 텍스트가 바뀐 것을 볼 수 있어요.

속성 영역을 보면 텍스트뿐만 아니라 다른 요소들도 설정할 수 있어요. 특히 너비 같은 경우 설정을 하려고 했을 때 다음과 같이 표시되는 것을 볼 수 있어요. 각 요소는 다음과 같이 동작해요. 이 요소들은 높이에서도 동일하게 동작해요. 컴포넌트를 다 추가했다면 블록 화면으로 이동해주세요.

- 자동 : 텍스트 길이나 주위 환경에 맞춰 자동으로 너비(높이)를 설정해요.
- 부모 요소에 맞추기 : 여기서는 컴포넌트를 2개만 추가했지만, 더 많은 컴포넌트를 추가하게 되면 컴포넌트 안에 컴포넌트가 들어가는 경우가 있어요. 만약 자신을 품고 있는 컴포넌트가 있다면 그 컴포넌트가 자신의 부모가 돼요. 이 설정은 부모의 너비(높이)에 맞추는 거에요.
- 픽셀 : 원하는 픽셀 값을 입력해 너비를 설정해요.
- 퍼센트 : 원하는 퍼센트 값을 입력해 너비를 설정해요.

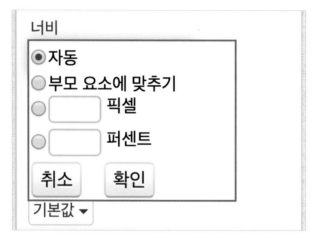

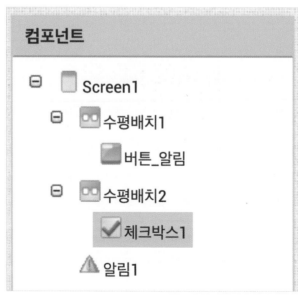

완성된 디자이너 화면이에요.

블록 코딩하기

이제 블록을 배치해 코딩을 할 거에요. 블록 화면으로 이동해서 블록 영역을 보면 디자이너에서 추가한 컴포넌트를 제어할 수 있는 블록들이 표시된 것을 볼 수 있어요. 앞에서 컴포넌트의 이름을 바꿨는데, 이름을 바꾸면 이 쪽 블록의 이름도 바뀌어요.

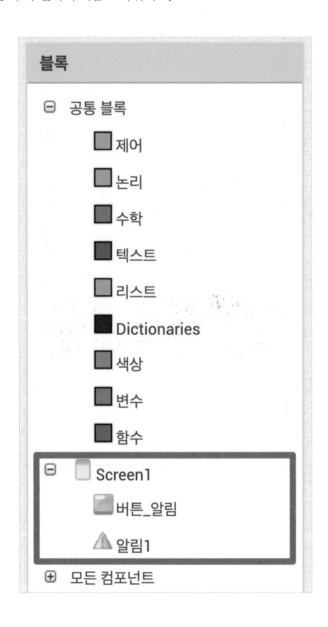

블록 영역에서 버튼_알림을 선택하고, 언제 버튼_알림.클릭했을때 블록을 추가해주세요. 이 블록은
해당 버튼 컴포넌트를 클릭했을 때 실행되는 블록이에요. 만약 디자이너에서 추가한 버튼 컴포넌트
가 여러 개 있다면 드롭다운 버튼을 클릭해 연결할 버튼 컴포넌트를 바꿀 수 있어요.

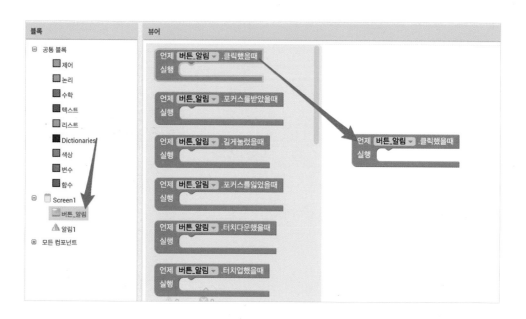

블록 영역에서 알림1을 선택하고, 호출 알림1.경고창보이기 블록을 추가해주세요. 이 블록은 실행되
면 알림 부분에 끼운 텍스트 값을 화면에 잠깐 보여주는 블록이에요.

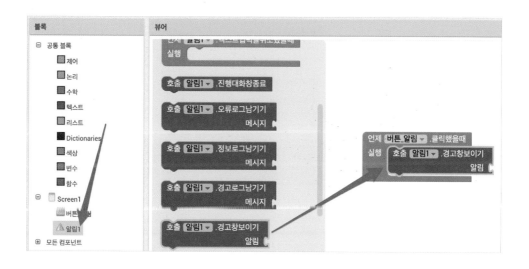

블록 영역에서 공통 블록의 텍스트를 선택해주세요. 그리고 문자 블록을 드래그해서
호출 알림1.경고창보이기 블록 알림 칸에 끼워주세요.

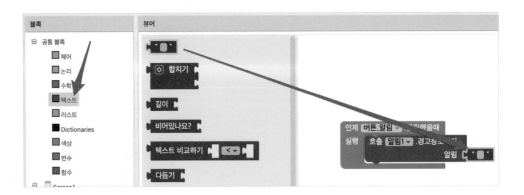

방금 추가한 문자 블록 안을 클릭하고, 화면에 표시하고 싶은 글자를 입력해주세요. 저는 "야옹!"이
라고 입력했어요.

완성된 블록 화면이에요. 이번 장의 프로젝트는 링크(bit.ly/3kLA0XX)에 접속해 확인할 수 있어요.

프로젝트를 MIT AI2 Companion과 연결해주세요. 연결하면 다음과 같이 버튼이 있는 것을 볼 수 있어요. 버튼을 클릭해주세요. 클릭하면 앞에서 설정한 "야옹!" 글자가 화면에 표시돼요.

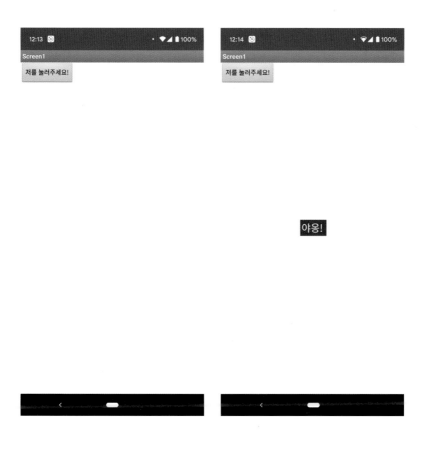

앱 설치하기

안드로이드 앱의 경우 일반적으로 구글 플레이를 통해 설치해요. 그리고 구글 플레이에 등록되지 않은 앱은 APK 파일을 통해 설치가 가능해요. 앱 인벤터에서 만든 앱도 구글 플레이에 등록하거나 또는 APK 파일을 만들어 다른 사람들에게 공유할 수 있어요. 한번 앱 인벤터에서 만든 앱을 QR코드와 APK 파일로 공유하는 방법에 대해 알아볼게요.

01 | QR코드 이용하기

앱 인벤터 메뉴에서 [빌드] - [앱 (.APK 용 QR코드 제공)]을 선택해주세요. 클릭하면 진행바가 뜨면서 QR코드 생성이 진행되는 것을 볼 수 있어요.

완료가 되면 2시간 동안 앱을 다운로드할 수 있는 QR코드가 생성돼요. QR코드를 캡처해서 공유하거나, QR코드 밑에 표시된 URL 주소를 복사해 공유하면 돼요.

02 | APK 파일 내보내기

앱 인벤터 메뉴에서 [빌드] – [앱 (.APK를 내 컴퓨터에 저장하기)]를 선택해주세요. 클릭하면 진행바가 뜨고 APK가 다운로드돼요. 다운로드한 APK를 설치할 안드로이드 폰에 복사하고 설치하면 돼요.

APK 파일을 이메일이나 메신저로 공유하려고 하면 지원하지 않는 확장자라며 전송이 안될 때가 많아요. 따라서 diawi(www.diawi.com) 서비스를 추천해요. diawi를 쓰면 안드로이드 앱이나 iOS 앱을 24시간 동안 공유할 수 있는 링크를 무료로 만들 수 있어요. diawi 페이지 에 접속한 다음 표시된 영역 부근에 앱 인벤터에서 다운로드한 APK 파일을 드래그해주세 요.

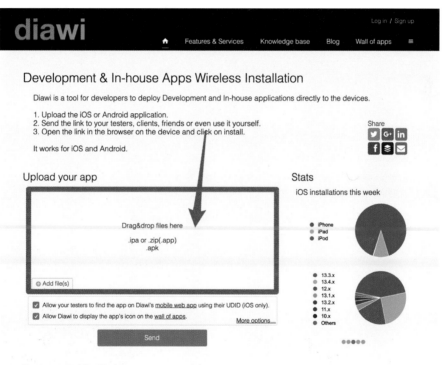

파일 업로드가 완료되면 하단에 [Send] 버튼을 클릭해주세요. 클릭하면 QR코드와 단축 URL 주소가 생성돼요. 이 주소를 원하는 사람들에게 공유하면 돼요.

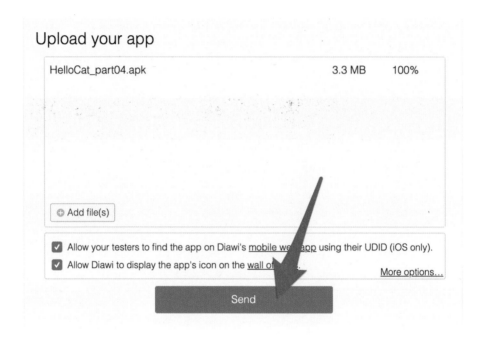

03 | 앱 정보 변경하기

앱 인벤터 프로젝트를 앱으로 내보내서 설치하면 다른 앱들처럼 앱 이름이 표시되고 아이콘이 표시되는 것을 볼 수 있어요. 이름과 아이콘을 따로 설정하지 않았다면 이름은 프로젝트 이름으로 표시되고, 아이콘은 앱 인벤터 로고가 표시돼요. 이 이름과 아이콘을 여러분이 원하는 대로 수정할 수 있어요. 먼저 디자이너에 컴포넌트 영역에서 가장 첫번째 스크린 컴포넌트를 선택해주세요. 이름을 바꾸지 않았다면 보통 Screen1이 가장 첫번째 스크린 컴포넌트로 되어있을 거에요.

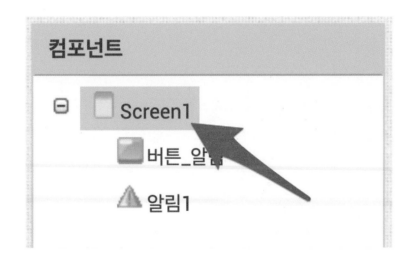

선택하면 속성 영역에 스크린뿐 아니라 앱 관련 속성들이 표시되는 것을 볼 수 있어요. 여기서 앱이름은 프로젝트가 앱으로 내보내졌을 때 앱의 이름이에요. 여러분이 원하는 이름을 설정해주세요. 그리고 스크롤을 내리면 아이콘을 볼 수 있어요. 아이콘 칸을 클릭하고 [파일 올리기] 버튼을 클릭해서 원하는 이미지를 업로드하면 돼요.

아이콘

없음...

스크린열기애니메이션

기본값 ▾

기본색상

█ 기본값

기본어두운색상

█ 기본값

스크린방향

불특정 ▾

스크롤가능여부

☐

아이콘

없음

파일 올리기 ...

취소   확인

스크롤가능여부

☐

버튼 눌러 글자 바꾸기

이번 장에서는 원하는 텍스트를 표시할 수 있는 레이블 컴포넌트를 사용해봅니다. 레이블을 배치해서 원하는 텍스트를 표시하고, 버튼을 눌러 레이블의 텍스트를 바꾸는 작업을 해봅니다. 또한 레이블에 글자를 이쁘게 꾸미는 방법도 알아봅니다.

컴포넌트 추가하기

이번에는 레이블 컴포넌트를 활용해 원하는 텍스트를 표시하고, 또 버튼을 누르면 이 레이블의 텍스트가 바뀌도록 만들 거예요. 앞에서 만든 프로젝트를 다시 열어주세요. 프로젝트가 열리면 팔레트의 사용자 인터페이스에서 레이블을 찾아 기존에 추가한 버튼 위로 드래그해 추가해주세요. 추가하면 뷰어 영역에 "레이블1의 텍스트"와 같이 표시되는 것을 볼 수 있어요.

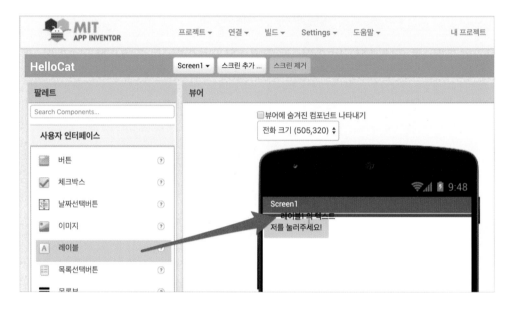

이제 레이블1의 텍스트를 바꿔볼게요. 컴포넌트 영역에서 레이블1을 클릭해주세요. 클릭하고 속성 영역을 보면 텍스트가 있어요. 텍스트 부분을 클릭하고 여러분이 원하는 글자를 입력해주세요. 저는 여기서 "안녕하세요!!!"라고 입력했어요. 텍스트를 입력하면 뷰어 영역에서 텍스트가 바뀌어서 표시되는 것을 볼 수 있어요.

블록 코딩하기

이제 블록을 배치해 코딩을 할 거예요. 블록 영역에서 레이블1을 선택하고, 지정하기 레이블1.텍스트 값 블록을 기존에 추가했던 언제 버튼_알림.클릭했을때 블록 안 끝에 추가해주세요. 이 블록은 해당 레이블 블록의 텍스트를 설정하는 블록이에요.

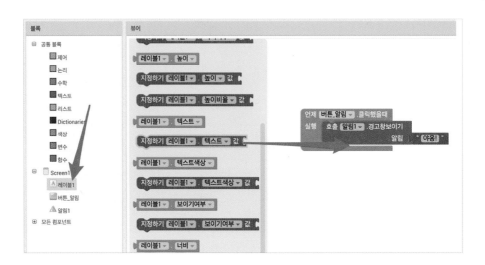

텍스트의 문자 블록을 방금 추가한 지정하기 레이블1.텍스트 값 블록 옆에 끼워주세요. 그리고 추가한 문자 블록 안에 원하는 글자를 입력해주세요. 저는 "야옹!!!"이라고 입력했어요.

완성된 블록 화면이에요. 이번 장의 프로젝트는 링크(bit.ly/3kTUH42)에 접속해 확인할 수 있어요.

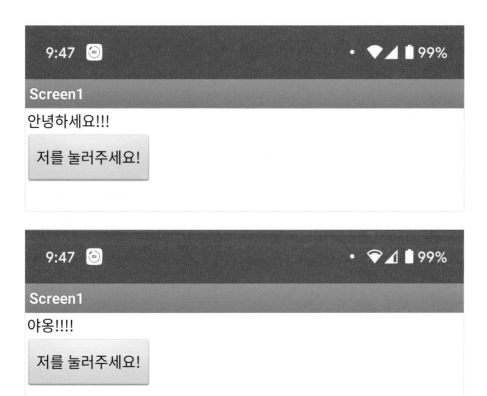

프로젝트를 MIT AI2 Companion과 연결해주세요. 연결하면 "안녕하세요!!!"라고 표시된 레이블을 볼 수 있어요. 클릭하면 레이블의 텍스트가 "야옹!!!!"으로 바뀌는 것을 볼 수 있어요.

글자 이쁘게 꾸미기

레이블은 단순히 텍스트를 표시하기만 하지만 앱을 만들다 보면 사용할 일이 많아요. 그래서 레이블을 이쁘게 꾸밀 줄 알면 상당히 도움이 많이 돼요. 레이블의 글자 크기를 조절하거나 레이블의 글자 색 또는 배경 색을 설정할 수 있어요. 한번 각 속성을 하나씩 보면서 살펴볼게요.

레이블의 속성을 보면 배경색이 있어요. 바로 레이블의 배경 색을 설정하는 거에요. 배경색 부분을 클릭하면 색상표가 나타나요. 이 중에서 원하는 색을 사용하면 돼요.

속성
레이블1
배경색 ☐ 없음
글꼴굵게 ☐
글꼴이텔릭 ☐

배경색

☐ 없음

☐ 없음

■ 검정

■ 파랑

■ 청록색

☐ 기본값

■ 어두운 회색

■ 회색

■ 초록

■ 밝은 회색

■ 자홍색

■ 주황

■ 분홍

■ 빨강

☐ 흰색

■ 노랑

☐ 사용자지정...

글꼴굵게 속성을 이용해 글자의 굵기를 조절할 수 있어요.

프로그램에서 기울어져 있는 텍스트는 기울임 글꼴 또는 이탤릭체라고 말해요. 글꼴이텔릭은 텍스트의 기울기를 조절해주는 속성이에요.

글꼴크기를 이용해서 텍스트의 크기 자체를 조절할 수 있어요.

글꼴서체는 텍스트의 글꼴을 설정하는 속성이에요. 솔직히 종류는 많지 않아요. 그리고 한글이 아닌 영어를 위한 글꼴이다 보니 글꼴을 바꿀 수 있다는 것만 알아주세요.

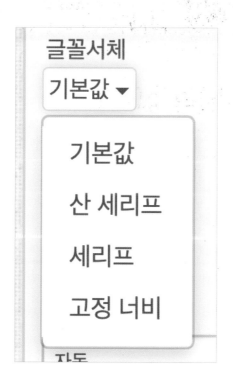

HTML형식은 텍스트에 HTML형식 텍스트를 입력하면 웹 브라우저에서 HTML페이
지를 표시해주는 것처럼 텍스트를 표시해주는 속성이에요. 예로 HTML형식을 선택하고
〈h1〉태그를 이용해 텍스트 속성에 입력하면 화면에 〈h1〉태그 속성이 적용된 글자를 볼 수
있어요. HTML을 아는 사람은 이 방법으로 쉽게 글자를 꾸밀 수 있어요.

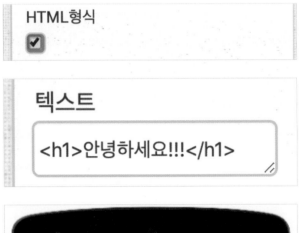

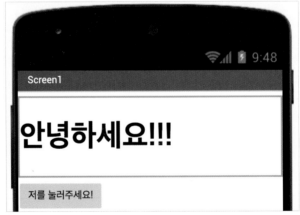

앞에서 소개했던 대로 너비 속성을 부모 요소에 맞추기로 설정하면 해당 컴포넌트를 품고 있는 컴포넌트의 너비와 같은 너비가 돼요. 레이블이 스크린 바로 안에 있다면 레이블의 너비가 스크린 너비만큼 커지는 것을 볼 수 있어요. 이때 텍스트정렬을 이용하면 텍스트의 정렬을 왼쪽, 가운데, 오른쪽 등으로 설정할 수 있어요. 또한 배경색을 설정한 것처럼 텍스트 색상 속성을 이용하면 텍스트의 색을 설정할 수 있어요.

원하는 글자 입력하기

이번 장에서는 원하는 텍스트를 입력할 수 있는 텍스트박스 컴포넌트를 사용해 봅니다. 텍스트박스를 배치해서 원하는 텍스트를 입력하고, 버튼을 눌러 텍스트 박스에 입력한 텍스트를 기존에 추가한 레이블의 텍스트로 설정해봅니나. 또한 텍스트박스의 다양한 기능들에 대해 살펴봅니다.

컴포넌트 추가하기

이번에는 텍스트박스를 활용해 원하는 텍스트를 입력하고, 또 버튼을 누르면 입력한 텍스트대로 기존에 있던 레이블의 텍스트가 바뀌도록 만들 거예요. 앞에서 만든 프로젝트를 다시 열어주세요. 프로젝트가 열리면 팔레트의 사용자 인터페이스에서 텍스트박스를 찾아 기존에 추가한 레이블과 버튼 사이로 드래그해서 추가해주세요.

텍스트박스를 추가하면 처음에는 너비가 화면 사이즈에 맞게 꽉 채워지지 않아요. 좀 더 편하게 입력할 수 있도록 텍스트박스의 너비를 화면 사이즈만큼 넓혀볼게요. 속성 영역에서 너비를 선택하고, 여기서 부모 요소에 맞추기를 선택해주세요. 선택하면 텍스트박스의 너비가 늘어난 것을 볼 수 있어요.

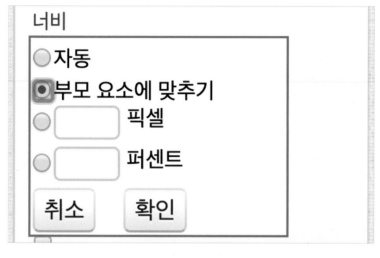

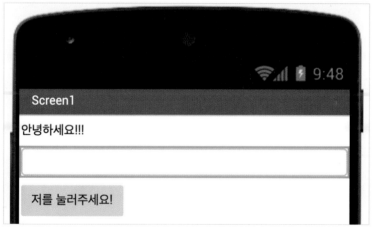

블록 코딩하기

이제 블록을 배치해 코딩을 할 거에요. 우선 기존에 지정하기 레이블1.텍스트 값 블록에 끼워져 있던 블록을 삭제해주세요. 블록을 삭제하려면 삭제하고자 할 블록을 드래그해서 쓰레기통 쪽으로 옮기세요. 그럼 쓰레기통 아이콘의 뚜껑이 열리고 블록이 삭제돼요. 이런 식으로 블록을 드래그하거나 또는 블록을 클릭하고 DEL키를 입력해서 삭제할 수 있어요.

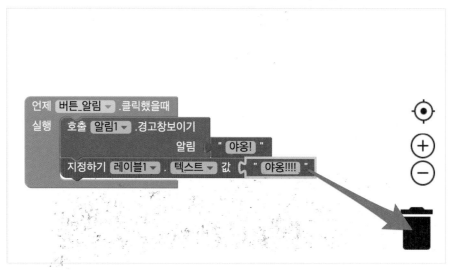

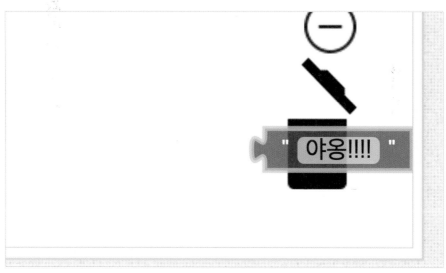

블록 영역에서 텍스트박스1을 선택하고, 텍스트박스1.텍스트 블록을 지정하기 레이블1.텍스트 값 블록에 끼워주세요. 바로 앞에서 추가했던 텍스트박스1에 입력한 텍스트를 레이블1의 텍스트로 설정한다는 뜻이에요.

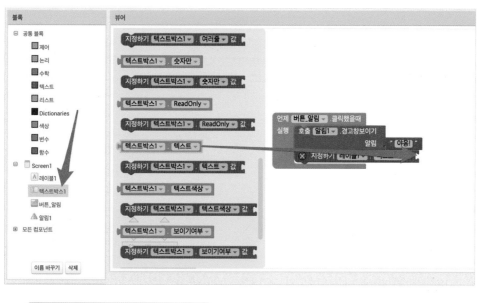

완성된 블록 화면이에요. 이번 장의 프로젝트는 링크(bit.ly/3g2oVOu)에 접속해 확인할 수 있어요.

프로젝트를 MIT AI2 Companion과 연결해주세요. 연결하면 "텍스트박스1의 힌트"라는 힌트가 적혀있는 텍스트박스1을 볼 수 있어요. 이 텍스트박스에 원하는 글자를 입력해주세요. 저는 "으르렁으르렁"이라고 입력했어요. 그리고 버튼을 누르면 레이블1의 글자가 입력한 글자로 바뀌는 것을 볼 수 있어요.

Screen1
안녕하세요!!!
텍스트박스1 의 힌트
저를 눌러주세요!

Screen1
안녕하세요!!!
으르렁으르렁
저를 눌러주세요!

Screen1
으르렁으르렁
으르렁으르렁
저를 눌러주세요!

텍스트박스의 다양한 기능

텍스트박스도 앱을 만들 때 상당히 많이 사용돼요. 로그인을 할 때나 회원가입을 할 때도 필요하고, 사용자로부터 다른 정보들을 받을 때도 필요해요. 이와 관련해서 텍스트박스의 다양한 기능을 알면 앱을 만들 때 도움이 많이 돼요. 예를 들어 비밀번호 용도의 텍스트박스는 입력한 글자를 볼 수 없게 가린다거나, 전화번호 용도의 텍스트박스는 숫자만 입력하게 할 수 있어요. 각 속성을 하나씩 살펴볼게요.

텍스트박스의 속성에 활성화란 것이 있어요. 이 속성은 해당 텍스트박스를 사용할 수 있거나 또는 사용할 수 없게 설정해요. 선택이 되어있으면 텍스트박스를 터치해 원하는 글자를 입력할 수 있지만, 만약 선택이 안 되어있으면 텍스트박스를 터치할 수도 원하는 글자를 입력할 수도 없어요. 일반적으로 특정 조건인 경우에만 값을 입력하게 만들고 싶을 때 이 속성을 사용하면 돼요. 블록으로도 이 속성을 제어할 수 있는데, 조건에 따라 속성의 값을 참 또는 거짓으로 설정하면 돼요.

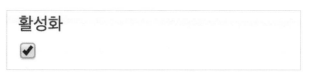

다음 속성은 힌트에요. 힌트는 텍스트박스에 텍스트가 입력이 안 되어있을 때 텍스트박스 안에 표시되는 글자들이에요. 앞에서 앱을 만들 때 봤던 것처럼 기본적으로 "텍스트박스1의 힌트"와 같이 되어있어요. 여기에 "아이디를 입력해주세요." 같은 글자를 입력하면 앱에서 똑같이 힌트가 표시되는 것을 볼 수 있어요.

다음 속성은 여러줄이에요. 기본적으로 텍스트박스를 입력하면 한 줄로 입력돼요. 그런데 이 속성을 선택하면 여러 줄을 입력할 수 있어요. 긴 글을 입력하게 만들고 싶다면 이 속성을 사용하면 좋아요.

다음 속성은 숫자만이에요. 텍스트박스로 정보를 받을 때 전화번호 같이 숫자로만 된 정보를 받고 싶은 경우가 있을 거예요. 이 경우 숫자만 속성을 선택해주면 돼요. 숫자만 속성이

선택된 상태에서 텍스트박스를 터치하면, 표시되는 키보드가 숫자로만 된 키보드가 표시되는 것을 볼 수 있어요.

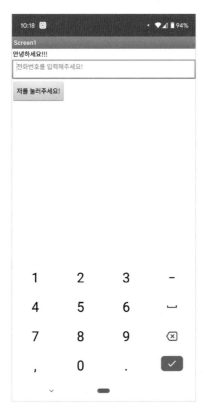

07

버튼에 고양이 사진 넣기

이번 장에서는 버튼에 고양이 사진이 표시되도록 설정해봅니다. 이를 위해 이미지 파일을 어떻게 업로드하고 설정하는지 알아봅니다. 또한 사진이나 그림을 표시힐 수 있는 이미지 럼포넌트에 데헤서도 살펴봅니다. 이미지 컴포넌트의 가속성에 대해서도 알아봅니다.

컴포넌트 추가하기

이번에는 기존에 추가한 버튼_알림에 고양이 사진이 표시되도록 만들 거예요. 우선 사용할 이미지 파일을 준비해주세요. 여기서는 아래 고양이 사진(bit.ly/2ZnJEaV)을 사용할 거예요. 링크에 접속해서 이미지 파일을 받아주세요. 다운로드하면 kitty.png라는 이름으로 된 파일을 확인할 수 있을 거예요.

앞에서 만든 프로젝트를 다시 열어주세요. 프로젝트가 열리면 미디어 영역에서 [파일 올리기 …] 버튼을 클릭해주세요. 클릭하면 파일 올리기 창이 표시돼요. 여기서 [파일 선택] 버튼을 클릭하고 사용할 이미지 파일을 선택해주세요. 선택하면 파일명이 표시되는 것을 볼 수 있어요. 이 상태에서 [확인]을 클릭하면 미디어 영역에 이미지가 추가된 것을 확인할 수 있어요.

이제 버튼_알림에 이미지가 표시되도록 해볼게요. 우선 버튼_알림에 텍스트는 표시되지 않도록 해야 하니까, 속성 영역에서 텍스트의 값을 비워주세요. 그리고 이미지 속성을 보면 처음에는 '없음…'으로 표시되어있는 것을 볼 수 있어요. 이미지 속성을 클릭하면 미디어에 추가한 사용 가능한 이미지들이 표시돼요. 여기서 사용할 이미지를 선택하고 [확인]을 클릭해주세요. 클릭하면 이미지 속성 값이 바뀌고, 버튼에도 선택한 이미지가 표시돼요.

텍스트

이미지

없음…

이번 장의 프로젝트는 링크(bit.ly/31ZDDAD)에 접속해 확인할 수 있어요. 이번 장에서는 블록은 건들지 않기 때문에 곧바로 MIT AI2 Companion과 연결해주세요. 연결하면 버튼_알림에 앞서 추가했던 고양이 사진이 표시되는 것을 볼 수 있어요. 버튼에 그림이 표시될 뿐 이전과 동작은 똑같아요. 따라서 텍스트박스1에 원하는 글자를 입력하고 버튼을 클릭하면, 레이블1의 글자가 바뀌고 알림도 띄워지는 것을 볼 수 있어요.

Screen1

안녕하세요!!!

텍스트박스1 의 힌트

Screen1

텍스트박스도 동작해요!!

텍스트박스도 동작해요!!

이미지 컴포넌트 사용하기

디자이너의 팔레트에서 사용자 인터페이스 영역에서 이미지 컴포넌트를 추가할 수 있어요.
앞에서 했던 것처럼 미디어에 사용할 이미지 파일을 추가해주세요. 그리고 이미지 컴포넌트
의 사진 속성을 이용해 원하는 이미지를 선택할 수 있어요.

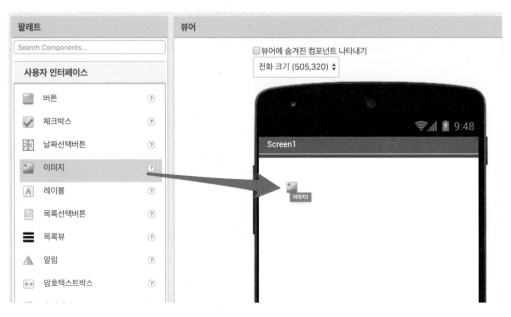

사진

kitty.png...

이미지를 선택하면 화면에 선택한 이미지가 표시되는 것을 볼 수 있어요. 기본적으로 이미지 컴포넌트의 높이와 너비가 둘 다 자동으로 되어있는데, 이 경우에는 이미지의 높이, 너비에 맞춰 컴포넌트 크기가 설정돼요.

높이

자동...

너비

자동...

만약 이미지 컴포넌트의 높이와 너비를 모두 부모 요소에 맞추기로 설정해 크게 넓혔을 때, 이미지의 크기가 컴포넌트의 크기보다 작다면, 컴포넌트 중앙에 이미지가 표시돼요.

만약 이 상태에서 사진크기 맞추기 속성을 선택하면 이미지가 컴포넌트의 높이와 너비에 맞게 늘어나는 것을 볼 수 있어요. 이미지를 화면에 완전히 꽉 채우고 싶다면 이 속성을 사용하면 돼요.

사진크기맞추기

또한 회전각도 속성을 이용해 이미지의 방향을 바꿀 수 있어요.

버튼이 눌리면 야옹!
소리내고 진동하기

이번 장에서는 앱에서 소리를 낼 수 있게 해주는 소리 컴포넌트를 사용해봅니다. 기존에 추가한 버튼을 누르면 고양이 소리가 나도록 만들어봅니다. 또한 소리가 나는 동시에 진동도 하도록 만들어봅니다. 그리고 소리 컴포넌트에 사용할 수 있는 다양한 효과음을 얻는 방법도 살펴봅니다.

컴포넌트 추가하기

이번에는 버튼을 누르면 고양이 소리가 나오고 스마트폰이 진동하도록 만들 거예요. 앞에서 만든 프로젝트를 다시 열어주세요. 프로젝트가 열리면 팔레트의 미디어에서 소리를 찾아 뷰어 영역에 추가해주세요. 소리 컴포넌트는 알림 컴포넌트와 같이 보이지 않는 컴포넌트에요. 따라서 뷰어 안 폰 화면에는 표시가 되지 않고, 하단에 보이지 않는 컴포넌트 부분에 표시되는 걸 볼 수 있어요. 또한 컴포넌트 영역에서도 확인할 수 있어요.

이제 사용할 소리 파일을 미디어에 추가할 거에요. 고양이 울음소리(bit.ly/2Adr8YO) 파일을 다운로드해주세요. 다운로드하면 파일명이 meow.mp3라는 이름으로 되어있을 거에요. 미디어 영역을 보면 이전에 추가한 이미지 파일을 볼 수 있어요. 여기서 [파일 올리기...] 버튼을 클릭해주세요. 클릭하면 파일 올리기 창이 표시돼요. 여기서 파일 선택 버튼을 클릭하고 사용할 소리 파일을 선택해주세요.

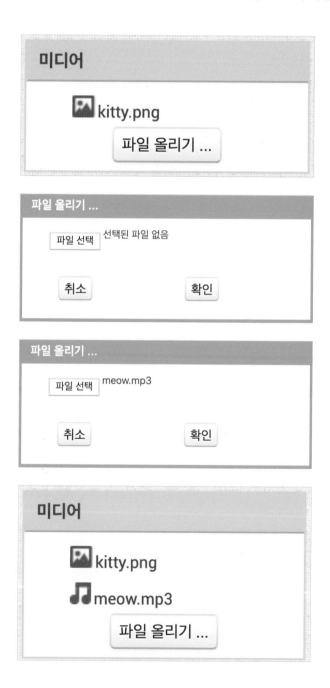

이제 소리 컴포넌트에 추가한 소리를 설정해볼게요. 소스 속성을 클릭하면 미디어에 추가한 사용 가능한 소리들이 표시돼요. 여기서 사용할 소리를 선택하고 확인을 클릭해주세요.

블록 코딩하기

이제 블록을 배치해 코딩을 할 거에요. 블록 영역에서 소리1을 선택하고, 호출 소리1.재생하기 블록을 지정하기 레이블1.텍스트 값 블록 다음에 끼워주세요. 이 블록은 앞에 추가한 소리1의 소리를 재생하는 블록이에요.

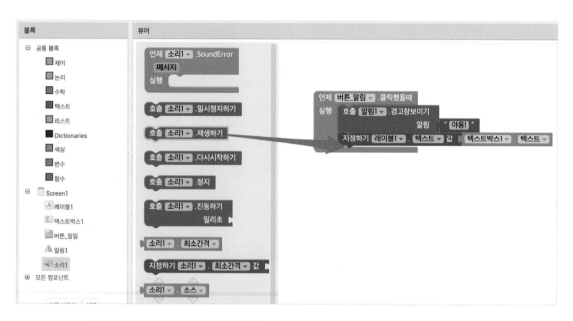

블록 영역에서 소리1을 선택하고, 호출 소리1.진동하기 블록을 호출 소리1.재생하기 블록 다음에 끼워
주세요.

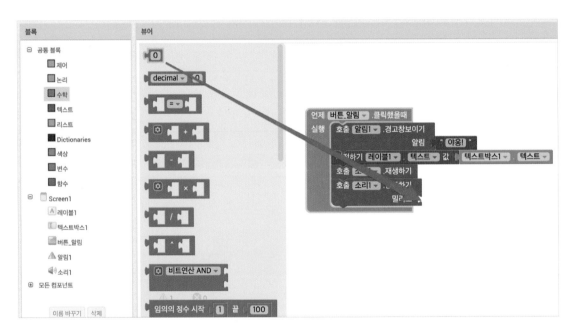

블록 영역에서 수학을 선택하고, 값 블록을 호출 소리1.진동하기 블록 밀리초 부분에 끼워주세요.

방금 추가한 값 블록의 값을 1000으로 바꿔주세요. 호출 소리1.재생하기 블록의 경우 밀리초 단위로 진동을 해요. 밀리초는 1000분의 1초이기 때문에 1000밀리초는 1초를 뜻해요. 값 블록을 1000으로 설정하면 1초간 진동하란 뜻이에요.

언제 버튼_알림 ▼ .클릭했을때
실행   호출 알림1 ▼ .경고창보이기
                        알림 " 야옹! "
        지정하기 레이블1 ▼ . 텍스트 ▼ 값 텍스트박스1 ▼ . 텍스트 ▼
        호출 소리1 ▼ .재생하기
        호출 소리1 ▼ .진동하기
                        밀리초 1000

완성된 블록 화면이에요. 이번 장의 프로젝트는 링크(bit.ly/30Yd7sj)에 접속해 확인할 수 있어요. 프로젝트를 MIT AI2 Companion과 연결해주세요. 버튼을 누르면 "야옹!"하는 알림과 소리, 진동이 발생하는 것을 확인할 수 있어요.

언제 버튼_알림 ▼ .클릭했을때
실행   호출 알림1 ▼ .경고창보이기
                        알림 " 야옹! "
        지정하기 레이블1 ▼ . 텍스트 ▼ 값 텍스트박스1 ▼ . 텍스트 ▼
        호출 소리1 ▼ .재생하기
        호출 소리1 ▼ .진동하기
                        밀리초 1000

다양한 소리와 효과음 얻기

소리 컴포넌트도 이미지 컴포넌트처럼 다양하게 활용될 수 있어요. 효과음을 낸다던가 아니면 배경음이 나오도록 할 수 있어요. 이렇게 하려면 당연히 오디오 파일이 필요한데, 이미 사용할 오디오 파일이 있는 사람들도 있겠지만, 어떻게 오디오 파일을 얻어야 할지도 모르는 사람들도 있을 거에요. 그래서 여기서는 다양한 효과음과 음악을 얻는 방법에 대해 소개해드릴 거에요.

우선 앱 인벤터에서 재생할 수 있는 오디오 파일의 종류가 다음과 같아요.

- 3gp
- mp4, m4a
- aac
- ts
- flac
- gsm
- mid, xmf, mxmf
- rttl, rtx
- ota, imy
- mp3
- mkv
- wav
- ogg

이중에서 원하는 오디오 파일을 재생할 수 있어요. 단, 사용하는 안드로이드 운영체제 버전이 너무 낮거나 해당 기기에서 오디오 파일을 재생하기 위해 필요한 해당 코덱이 없다면 재생을 못할 수도 있어요.

01 | Freesound

간단한 효과음을 무료로 쉽게 얻을 수 있는 사이트 중에 Freesound(freesound.org)라는 곳이 있어요. 로그인을 해야 하지만, 오디오 파일들을 무료로 다운 받을 수 있어요. 한 가지 아쉬운 점은 모든 자료가 영어로 되어있단 거에요.

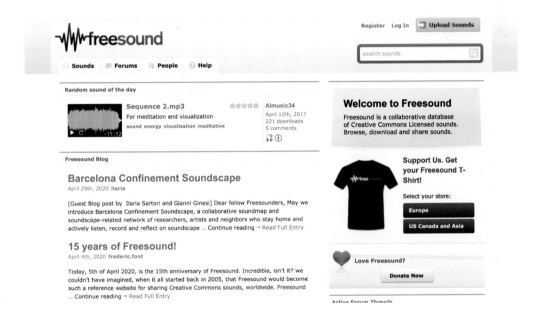

혹시나 얻고 싶은 효과음이 있다면 여기서 검색할 수 있어요. 예를 들면 고양이 울음소리가 필요하다면 meow라고 검색해 다양한 종류의 고양이 울음소리를 얻을 수 있어요. 이 외에도 다양한 효과음이 있으니 여러분도 재미있는 소리들을 검색해보세요.

Cat, Screaming, A.wav InspectorJ

I heard a cat crying outside my house at 3AM. Opened the window. He screamed at me. Quickly closed the ...

Pain Meow Angry cat meow Yell angry pain yell Cat scream Scream

January 12th, 2018
21720 downloads
17 comments

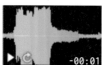

cat meow tuberatanka

my hungry cat **meow**ing

cat meow meowing

December 6th, 2010
28544 downloads
48 comments

♣ 1 more result in the same pack "cat meowing"

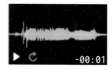

Cat meow ☆☆☆☆☆ TRNGLE

meow

purr animals pets sfx meow kitty cat pet cats purring animal kitten meowing

October 15th, 2016
4546 downloads
7 comments

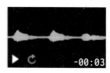

meow.wav ☆☆☆☆☆ SophieMezaM

meow

meow animal cat

November 4th, 2018
1474 downloads
1 comment

02 | 유튜브 오디오 라이브러리

배경음으로 사용하기 위해 짧은 효과음이 아니라 오랫동안 재생할 수 있는 음악 파일을 얻고 싶은 분들이 계실 거에요. 좋은 품질의 음악을 무료로 얻을 수 있는 사이트 중 상당히 유명한 곳이 유튜브 오디오 라이브러리 (youtube.com/audiolibrary)에요. 유튜브 오디오 라이브러리는 유튜브 제작자들이 오디오 파일을 쉽게 얻어 동영상을 제작할 수 있도록 하기 위해 만들어졌어요. 유튜브 오디오 라이브러리의 웬만한 오디오 파일들이 CC라이선스라 자유롭게 사용이 가능하지만, 일부 오디오 파일에는 저작권 때문에 출처를 꼭 밝혀야 하는 경우가 있어요. 이것만 주의해주시면 돼요.

오디오 보관함							
무료 음악		음향 효과					

프로젝트에 사용할 무료 음악을 찾고 다운로드해 보세요.

트랙		장르 ▼	분위기 ▼	악기 ▼	길이 ▼	저작자 표시 ▼	음악 검색	
▶	Tratak	NEW		5:56	Jesse Gallagher		잔잔한 음악	고요하고 맑음	⬇
▶	Monumental Journey	NEW		7:46	Jesse Gallagher		잔잔한 음악	영감	⬇
▶	Maestro Tlakaelel	NEW		15:15	Jesse Gallagher		잔잔한 음악	어둡게	⬇
▶	**Mer-Ka-Ba**	NEW		**17:31**	**Jesse Gallagher**		잔잔한 음악	밝게	⬇

이 노래를 무료로 모든 동영상에 사용할 수 있습니다.

▶	Flight To Tunisia	NEW		2:57	Causmic		힙합 & 랩	영감	⬇
▶	Krishna's Calliope	NEW		2:31	Jesse Gallagher		잔잔한 음악	밝게	⬇
▶	The Anunnaki Return	NEW		1:52	Jesse Gallagher		잔잔한 음악	극적	⬇
▶	The High Line	NEW		2:55	Causmic		힙합 & 랩	극적	⬇
▶	Regrets	NEW		3:17	Causmic		힙합 & 랩	슬픔	⬇
▶	The Sleeping Prophet	NEW		7:44	Jesse Gallagher		잔잔한 음악	고요하고 맑음	⬇
▶	Satya Yuga	NEW		11:12	Jesse Gallagher		잔잔한 음악	영감	⬇

유튜브 오디오 라이브러리의 장점은 원하는 취향의 음악을 쉽게 찾을 수 있다는 거에요. 장르, 분위기, 악기, 길이 등을 원하는 기호에 맞춰 선택해 노래를 검색할 수 있어요. 다운로드하면 mp3 파일로 받아지는데, 앱 인벤터에 올려서 사용하는데 큰 문제가 없어요. 또한 Freesound처럼 효과음도 제공해줘요.

장르 ▼	분위기 ▼	악기 ▼	길이 ▼	저작자 표시 ▼
댄스 & 일렉트로닉				잔잔한 음
락				
레게				잔잔한 음
아동				
얼터너티브 & 펑크				잔잔한 음
영화음악				
잔잔한 음악				잔잔한 음
재즈 및 블루스				
컨트리 & 포크				
클래식				
팝				힙합 & 랩
휴일				
힙합 & 랩				잔잔한 음
R&B 소울				
모든 장르				잔잔한 음

PART

09

폰을 마구 마구 흔들어!

이번 장에서는 스마트폰이 움직였는지 확인할 수 있는 가속도센서를 사용해봅니다. 가속도센서를 이용해 스마트폰을 흔들었을 때 고양이 소리가 나도록 만들어봅니다. 또한 가속도센서를 활용해서 만든 재밌는 앱 인벤터 앱들을 살펴봅니다.

컴포넌트 추가하기

이번에는 스마트폰을 흔들면 고양이 소리가 나도록 만들 거예요. 앞에서 만든 프로젝트를 다시 열어 주세요. 프로젝트가 열리면 팔레트의 센서에서 가속도센서를 찾아 뷰어 영역에 추가해주세요. 가속 도센서 컴포넌트는 보이지 않는 컴포넌트예요. 따라서 뷰어 안 폰 화면에는 표시가 되지 않고, 하단에 보이지 않는 컴포넌트 부분에 표시되는 것을 볼 수 있어요. 또한 컴포넌트 영역에서도 확인할 수 있어요.

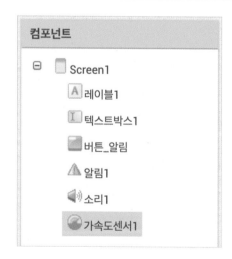

가속도센서의 속성을 간단히 살펴보면 다음과 같아요.

- 활성화 : 가속도센서를 사용할지 안 사용할지 설정해요.
- 기존연결방식사용 : 이전 버전의 가속도센서의 경우 가로, 세로 상관 없이 센서 값을 알려줬어요. 그런데 이러면 특정 환경에서 부정확하게 인식되는 경우가 있었어요. 따라서 현재 버전은 앱 인벤터에서 가로, 세로 상태를 파악해서 센서 값을 수정해서 알려주고 있어요. 앱 인벤터 측에서도 이 "기존연결방식"을 사용하기 보다 그냥 현재 버전을 사용할 것을 권장하고 있어요.
- 최소간격 : 가속도센서의 인식 시간 간격을 설정해요. 이 간격에 따라 스마트폰을 흔들었을 때 인식하는 정도가 달라져요.
- 민감도 : 가속도센서의 민감도를 설정해요. 종류는 약함, 보통, 강한 중에서 선택할 수 있어요.

속성

가속도센서1

활성화
☑

기존연결방식사용
☐

최소간격
400

민감도
보통 ▼

블록 코딩하기

이제 블록을 배치해 코딩을 할 거에요. 블록 영역에서 가속도센서1을 선택하고, 언제 가속도센서1. 흔들렸을때 블록을 뷰어 영역에 추가해주세요. 이 블록은 스마트폰을 흔들었을 때 실행되는 블록이에요.

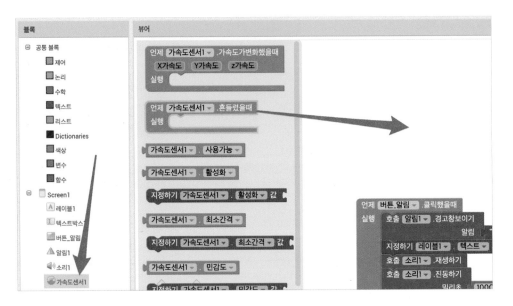

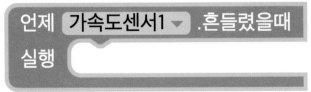

기존 언제 버튼_알림.클릭했을때 블록에서 호출 소리1.재생하기 블록을 마우스 우측 버튼으로 클릭해주세요. 그럼 메뉴가 표시되는데 이 중에 [복제하기]를 눌러 복사해주세요. 똑같은 방법으로 호출 소리1.진동하기 블록도 복사해주세요.

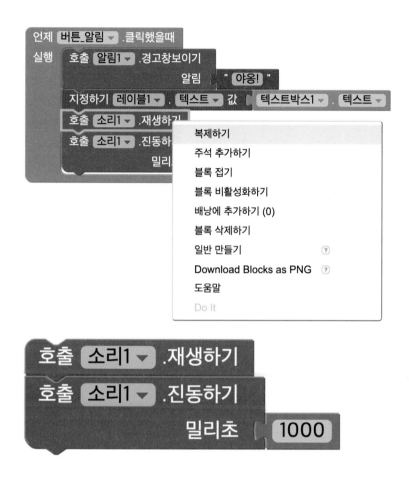

복사한 블록 2개를 언제 가속도센서1.흔들렸을때 블록 안에 끼워주세요.

완성된 블록 화면이에요. 이번 장의 프로젝트는 링크(bit.ly/30YDcYg)에 접속해 확인할 수 있어요. 프로젝트를 MIT AI2 Companion과 연결해주세요. 스마트폰을 흔들면 "야옹!"하는 소리가 나면서 진동하는 것을 확인할 수 있어요.

언제 [버튼_알림 ▼] .클릭했을때
실행   호출 [알림1 ▼] .경고창보이기
                            알림 " 야옹! "
        지정하기 [레이블1 ▼] . [텍스트 ▼] 값   [텍스트박스1 ▼] . [텍스트 ▼]
        호출 [소리1 ▼] .재생하기
        호출 [소리1 ▼] .진동하기
                            밀리초 1000

언제 [가속도센서1 ▼] .흔들렸을때
실행   호출 [소리1 ▼] .재생하기
        호출 [소리1 ▼] .진동하기
                            밀리초 1000

다양한 센서 살펴보기

앱 인벤터에는 가속도센서 외에도 다양한 센서가 존재해요. 예로 바코드를 스캔하거나, 걸음을 측정하거나, 현재 폰이 있는 위치 등을 알 수 있어요. 이 책에서는 모든 센서를 다루지 않아요. 따라서 각 센서들을 어떻게 제어하는지 간단히 살펴볼게요.

01 | 바코드스캐너

바코드스캐너는 QR코드를 스캔할 수 있는 컴포넌트에요. 바코드스캐너의 속성을 보면 외부스캐너사용이란 것이 있어요. QR코드를 읽을 수 있는 다양한 스캐너 앱들이 있는데, 그 앱들을 활용해 QR코드를 읽을지 설정하는 거에요. 선택을 안 하면 앱 인벤터 자체에 있는 QR코드 리더기로 스캔해요. 그리고 블록의 경우 호출 바코드스캐너.스캔하기 블록으로 스캔을 시도하고, 언제 바코드스캐너.스캔후에 블록을 통해 결과를 받아 확인할 수 있어요.

02 | Barometer

Barometer는 기압을 잴 수 있는 기압센서를 뜻해요. 스마트폰마다 기압을 잴 수 있는 센서가 있을 수도 없을 수도 있는데, 있다면 이 컴포넌트를 이용해 기압을 잴 수 있어요. Barometer의 속성을 보면 RefreshTime이 있어요. 기압을 확인하는 주기인데 밀리초 단위로 설정할 수 있어요. 그리고 `언제 Barometer.AirPressureChanged` 블록을 이용해 기압 값이 바뀔 때마다 확인할 수 있어요.

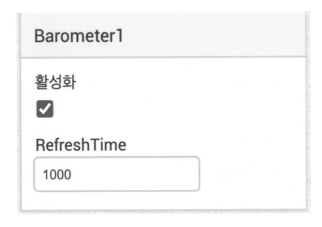

03 | 시계

시계는 특정 주기마다 특정 블록을 반복해서 실행시키거나, 현재 날짜나 시간에 대한 정보를 가져올 때 사용하는 컴포넌트에요. 시계의 속성을 보면 다음과 같아요. 타이머항상작동은 앱이 스마트폰 화면에 표시되지 않는 상태에서도 특정 블록을 실행할지 설정해요. 선택하지 않으면 앱이 스마트폰 화면에 보여질 때만 특정 블록을 실행해요. 타이머간격은 특정 블록이 반복해 실행되는 간격을 밀리초 단위로 설정해요. 앞에서 이렇게 설정하면 해당 주기가 됐을 때 언제 시계.타이머가작동할때 블록이 실행돼요.

04 | 자이로센서

자이로센서는 스마트폰의 기운 정도를 확인할 수 있는 센서에요. 자이로센서는 설정해야 할 특별한 속성이 없어요. 단지 자이로센서를 추가하고 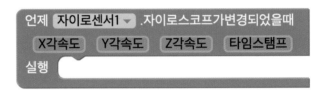 블록을 이용해 자이로센서 값을 받아 사용하면 돼요.

언제 자이로센서1 ▼ .자이로스코프가변경되었을때
X각속도 Y각속도 Z각속도 타임스탬프
실행

05 | Hygrometer

Hygrometer는 우리나라 말로 습도계에요. 바로 습도를 재는 컴포넌트에요. 이것도 물론 사용하는 스마트폰에 습도 센서가 있어야 사용이 가능해요. 속성을 보면 센서 값을 읽는 주기를 설정하는 RefreshTime이 있어요. 밀리초 단위로 설정이 가능해요. 그리고 언제 Hygrometer.HumidityChanged 블록을 이용해 센서 값이 바뀌었을 때 값을 확인할 수 있어요.

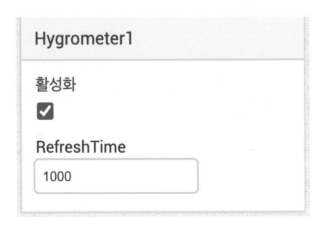

Hygrometer1

활성화
☑

RefreshTime
1000

언제 Hygrometer1 ▾ .HumidityChanged
humidity
실행

06 | LightSensor

LightSensor는 조도 센서를 뜻해요. 바로 주위 밝기를 재는 컴포넌트에요. 이것도 물론 사용하는 스마트폰에 조도 센서가 있어야 사용이 가능해요. 속성을 보면 센서 값을 읽는 주기를 설정하는 RefreshTime이 있어요. 밀리초 단위로 설정이 가능해요. 그리고 언제 LightSensor.LightChanged 블록을 이용해 센서 값이 바뀔 때 값을 확인할 수 있어요.

LightSensor1

활성화
☑

RefreshTime
1000

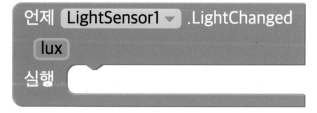

언제 LightSensor1 ▾ .LightChanged
lux
실행

07 | 위치센서

위치센서는 말 그대로 스마트폰의 위치를 알려주는 컴포넌트에요. 많이 들었을 법한 GPS 나 또는 스마트폰이 연결된 네트워크를 이용해 위치를 알려줘요. 속성을 보면 거리간격과 시간간격이 있어요. 거리간격을 설정하면 그 간격 이상 이동을 해야 위치가 이동됐다고 알 려줘요. 시간간격은 위치를 확인하는 간격인데, 밀리초 기준으로 설정할 수 있어요. 그리고 `언제 위치센서.위치가변경되었을때` 블록을 이용해 위치가 바뀔 때마다 값을 확인할 수 있어 요. 그리고 위치를 알려주는 제공자가 GPS와 네트워크 중에서 변경이 일어나면 `언제 위치 센서.상태가변경되었을때` 블록을 이용해 확인할 수 있어요.

08 ┊ **MagneticFieldSensor**

MagneticFieldSensor는 지자기 센서를 뜻해요. 쉽게 말해 주위 자성을 인식하는 컴포넌트에요. 이것도 물론 사용하는 스마트폰에 지자기 센서가 있어야 사용이 가능해요. MagneticFieldSensor에는 특별히 설정해야 할 속성이 없어요. 단지 MagneticFieldSensor를 추가하고 언제 MagneticFieldSensor.MagneticChanged 블록을 이용해 값을 받아 사용하면 돼요.

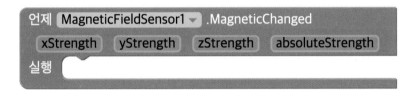

09 ┊ **NFC**

NFC는 우리가 주위에서 흔히 볼 수 있는 NFC를 제어할 수 있는 컴포넌트에요. 사용하는 스마트폰이 NFC 기능을 지원해야 사용이 가능해요. 속성은 읽기모드가 있는데, 선택이 되어있으면 읽기모드로 안 되어있으면 쓰기모드로 작동해요. 읽기모드인 경우에는 언제 NFC.태그를읽었을때 블록을 이용해 값을 확인할 수 있어요. 쓰기모드에서는 지정하기 NFC.작성할텍스트 값 블록으로 쓸 값을 설정하고, 언제 NFC.태그를작성했을때 블록을 이용해 NFC 태그에 값이 써진 순간을 알 수 있어요.

NFC1
읽기모드
☑

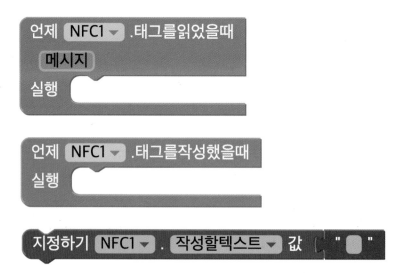

10 | 방향센서

방향센서는 스마트폰이 가리키는 방향을 알려주는 컴포넌트에요. 방향센서는 설정해야 할 특별한 속성이 없어요. 단지 방향센서를 추가하고 언제 방향센서.방향이변경되었을때 블록을 이용해 값을 받아 사용하면 돼요.

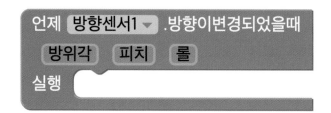

11 | 만보기

만보기는 이름 그대로 걸음 수를 측정해주는 컴포넌트에요. 속성을 보면 정지감지시간과 보폭이 있어요. 정지감지시간의 경우 밀리초로 설정을 하는데, 이 시간 이상으로 멈춰있으면 정지한 것으로 간주해요. 그리고 보폭 속성은 미터 단위로 입력해야 하는데 여기 입력한 값보다 더 멀리 이동해야 한 걸음 이동한 걸로 간주해요. 언제 만보기.간단한걸음이감지되었을때

와 언제 만보기.걸음이감지되었을때 블록으로 걸음이 바뀐 것을 확인할 수 있어요. 또한 블록을 이용해 만보기를 초기화하거나 시작, 정지할 수 있고, 현재 만보기 상태를 저장할 수 있어요.

만보기1

정지감지시간

2000

보폭

0.73

언제 만보기1 ▼ .간단한걸음이감지되었을때
　간단한걸음　　거리
실행

언제 만보기1 ▼ .걸음이감지되었을때
　걸음수　　거리
실행

호출 만보기1 ▼ .초기화

호출 만보기1 ▼ .저장하기

호출 만보기1 ▼ .시작하기

호출 만보기1 ▼ .정지

12 | 근접센서

스마트폰으로 통화를 할 때 얼굴을 스마트폰에 가까이 할 때 스마트폰 화면이 꺼지는 것을 볼 수 있어요. 이건 스마트폰의 근접센서가 얼굴의 거리를 인식하기 때문이에요. 근접센서는 스마트폰의 이 근접센서를 사용하는 컴포넌트에요. 속성을 보면 백그라운드작동여부가 있는데, 앱이 스마트폰 화면에 표시되지 않은 상태에서도 이 근접센서가 작동하게 할지 설정하는 거에요. 근접센서를 추가했으면 언제 근접센서.거리가변경되었을때 블록을 이용해 거리를 확인할 수 있어요.

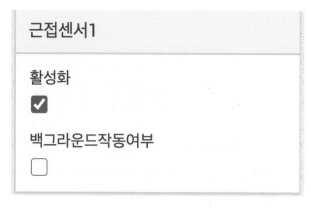

13 | Thermometer

Thermometer는 온도계를 뜻해요. 바로 온도를 재는 컴포넌트에요. 이것도 물론 사용하는 스마트폰에 온도계가 있어야 사용이 가능해요. 속성을 보면 센서 값을 읽는 주기를 설정하는 RefreshTime이 있어요. 밀리초 단위로 설정이 가능해요. 그리고 언제 Thermometer.TemperatureChanged 블록을 이용해 센서 값이 바뀔 때 값을 확인할 수 있어요.

PART

10

그림판 만들기

이번 장에서는 그림을 그릴 수 있는 캔버스를 사용해봅니다. 캔버스를 활용해서 손가락을 드래그해서 선을 그릴 수 있노톡 만들어봅니다. 또힌 우리가 그림 그리기 앱을 만들 때 참고하기 위해 다양한 그림 그리기 앱들을 살펴봅니다.

컴포넌트 추가하기

이번에는 그림 그리기 앱을 만들 거예요. 메뉴에서 [프로젝트] – [새 프로젝트 시작하기]를 선택해서 새 프로젝트를 만들어주세요. 저는 이름을 HelloPainter로 지었어요. 이 프로젝트도 다음 챕터들에서 계속 사용할 거예요.

팔레트의 그리기 & 애니메이션에서 캔버스를 찾아 뷰어 쪽으로 드래그해 추가해주세요. 그리고 높이와 너비 모두 부모 요소에 맞추기로 설정해주세요. 그러면 추가한 캔버스가 화면에 꽉 차는 것을 볼 수 있어요.

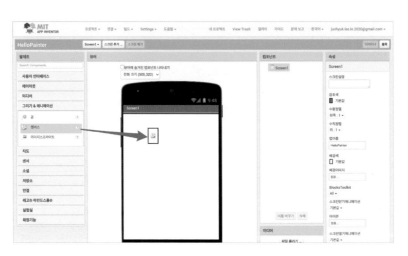

이제 블록을 배치해 코딩을 할거예요. 블록 영역에서 캔버스1을 선택하고, 언제 캔버스1.드래그 블록을 뷰어 영역에 추가해주세요. 이 블록은 캔버스 위에서 드래그를 했을 때 실행되는 블록이에요. 스마트폰에서는 캔버스 위에 손가락을 대고 움직였을 때 실행돼요.

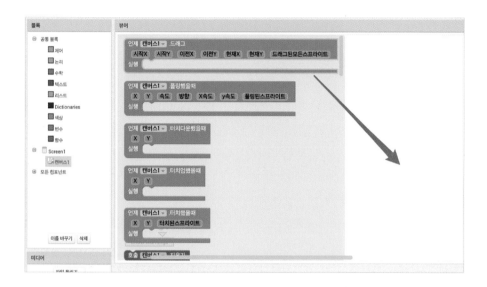

다시 캔버스1의 블록들을 보면 호출 캔버스1.선그리기 블록이 있어요. 이 블록을 방금 추가했던 언제 캔버스1.드래그 블록 안에 끼워주세요. 이 블록은 캔버스 상에서 선을 그릴 때 사용해요. 그리고 선을 그리기 위해 4개의 값이 필요해요. 첫번째 점의 X, Y값 그리고 두번째 점의 X, Y값이 필요해요.

언제 캔버스1.드래그 블록 상단을 보면 사용 가능한 변수들이 있어요.

- 시작X : 드래그가 시작됐을 때, 즉 손가락이 처음 닿은 점의 X값이에요.
- 시작Y : 드래그가 시작됐을 때, 즉 손가락이 처음 닿은 점의 Y값이에요.
- 이전X : 손가락을 계속 움직인다 가정했을 때 바로 직전에 인식된 점의 X값이에요.
- 이전Y : 손가락을 계속 움직인다 가정했을 때 바로 직전에 인식된 점의 Y값이에요.
- 현재X : 현재 손가락이 위치한 지점의 X값이에요.
- 현재Y : 현재 손가락이 위치한 지점의 Y값이에요.
- 드래그된모든스프라이트 : 한글 이름상으로 혼동이 될 수가 있는데, 캔버스 상에 이미지스프라이트를 놓을 수 있어요. 캔버스 상에 있는 이미지스프라이트가 하나라도 드래그 됐는지 여부를 참/거짓으로 알려줘요.

변수 위에 커서를 놓으면 변수 관련 블록이 표시되는 것을 볼 수 있어요.

변수들 중에서 이전X와 이전Y를 각각 X1, Y1 칸에 끼우고, 현재X와 현재Y를 각각 X2, Y2 칸에 끼워주세요. 이렇게 하면 이전에 손가락이 있었던 위치와 현재 손가락이 있었던 위치 두 점을 이용해 선을 그리라고 하는 것과 같아요.

완성된 블록 화면이에요. 이번 장의 프로젝트는 링크(bit.ly/3kTVsKq)에 접속해 확인할 수 있어요. 프로젝트를 MIT AI2 Companion과 연결해주세요. 캔버스 위에서 손가락을 움직여 그림을 그릴 수 있어요.

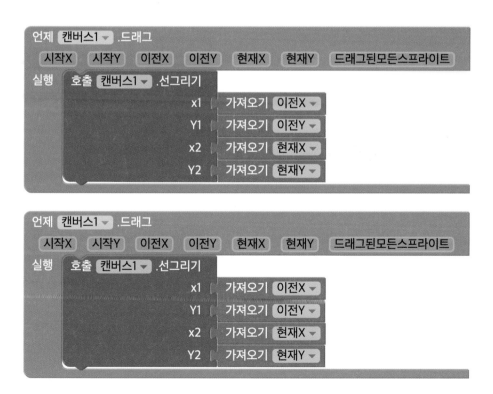

그림 그리기 앱들

이번 챕터부터 그림 그리기 앱을 만들고 있어요. 챕터가 진행될 때마다 새로운 기능을 추가해 나갈 거에요. 이와 관련해 참고하면 좋은 그림 그리기 앱들을 알아볼 거에요. iOS에서도 좋은 그림 그리기 앱들이 많지만 여기서는 안드로이드용 앱들만 살펴볼게요.

01 | Infinite Painter (bit.ly/30U6V58)

Infinite Painter는 그림 그리기와 관련된 거의 모든 기능을 지원해주는 앱이에요. 특히나 붓 종류가 160여종이 넘고, 원한다면 자신만의 붓을 만들 수도 있어요. 또한 마치 진짜 종이 위에서 그리는 듯한 질감을 표현해주는 것도 특징이에요. 기본적으로는 무료지만 모든 기능을 사용하려면 인앱 결제를 해야 해요.

02 | ArtRage (bit.ly/3hzWE3M)

ArtRage는 유료 앱이에요. 대략 6천원 정도에 구매 가능해요. 이 앱의 특징은 진짜 캔버스 위에 그리는 느낌이 나도록 해준다는 거에요. 물감이 캔버스 위에 발라졌을 때의 질감 하나하나를 섬세히 묘사해놨어요. 또한 그림을 그릴 때 다양한 도구를 활용하듯이 이 앱에서도 실제 같은 다양한 도구를 지원해요. 유화 그리는 걸 좋아하는 분들한테 추천해요.

03 | SketchBook (bit.ly/2ALrLJ8)

SketchBook은 오토데스크(Autodesk)라는 유명한 프로그램 회사에서 제작한 앱이에요. 유명한 그림 그리기 앱들 중 하나면서 게다가 무료에요. 무료임에도 유료 앱 못지않은 다양한 기능을 사용할 수 있어요. 140여종의 붓을 사용할 수 있고, 다양한 효과의 도구를 사용할 수 있어요.

04 | Adobe Illustrator Draw (bit.ly/2AP1JEG)

Adobe Illustrator Draw는 디자인 프로그램 회사 중 1인자라 할 수 있는 Adobe에서 제작한 앱이에요. 원래 PC 프로그램으로 Adobe Illustrator란게 있어요. Adobe Illustrator의 특징은 벡터(Vector) 기반의 디자인 프로그램이라는 거에요. 일반적으로 우리가 아는 디자인 프로그램들은 소위 많은 픽셀을 활용해 그림을 그리는 방식인 레스터(Raster) 방식으로 되어 있는데, 문제는 이렇게 만들어진 이미지들의 경우 크기가 달라짐에 따라 이미지가 변형이 될 수 있어요. 하지만 벡터 방식은 픽셀을 활용한 것이 아니라 수학적으로 경로를 활용하기 때문에 이미지 크기가 바뀌어도 똑같은 품질을 제공해요. 이 앱은 Adobe Illustrator의 기본 기능을 스마트폰에서 사용할 수 있게 해놓았어요.

PART

11

선 굵기 바꾸기

이번 장에서는 드래그해서 값을 바꿀 수 있는 슬라이더를 사용해봅니다. 이 슬
라이더를 이용해서 캔버스에서 그려지는 선의 굵기를 다르게 설정해봅니다. 또
한 캔버스에 그린 그림을 파일로 저장하는 방법을 살펴봅니다.

컴포넌트 추가하기

이번에는 슬라이더를 이용해 캔버스에서 그려지는 선의 굵기를 설정할 수 있게 만들 거예요. 앞에서 만든 프로젝트를 다시 열어주세요. 프로젝트가 열리면 팔레트의 사용자 인터페이스에서 슬라이더를 찾아 기존에 추가했던 캔버스 위에 추가해주세요.

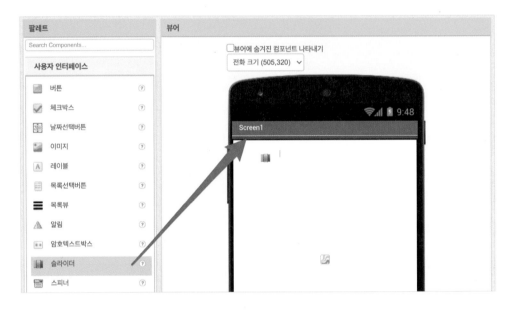

컴포넌트 영역에서 방금 추가한 슬라이더1를 선택해주세요. 그리고 너비 속성을 자동에서 부모 요소에 맞추기로 설정해주세요. 설정하면 슬라이더1의 너비가 화면에 꽉 차는 것을 볼 수 있어요.

다음으로 슬라이더의 속성 중 최댓값은 10, 최솟값은 1 그리고 섬네일위치는 2로 설정해주세요. 이렇게 하면 슬라이더로 설정할 수 있는 최대값이 10, 최소값이 1이 돼요. 그리고 섬네일위치는 슬라이더의 처음 값을 뜻해요. 여기서는 2로 설정할 거에요.

블록 코딩하기

이제 블록을 배치해 코딩을 할 거에요. 앞으로 계속 블록을 추가해야 하는데 나중에 뷰어 영역이 블록으로 가득 찰 수 있어요. 그럼 코딩하기 힘들어질 수 있기 때문에 우선 미리 작성했던 블록을 접어볼게요. 기존에 추가했던 언제 캔버스1.드래그 블록 위에 마우스 우측 버튼을 클릭하면 메뉴가 표시돼요. 여기서 [블록 접기]를 선택하면 블록이 접혀요. 만약 다시 펼쳐야 하면 마우스 우측 버튼을 클릭하고, [블록 펼치기]를 선택하면 돼요.

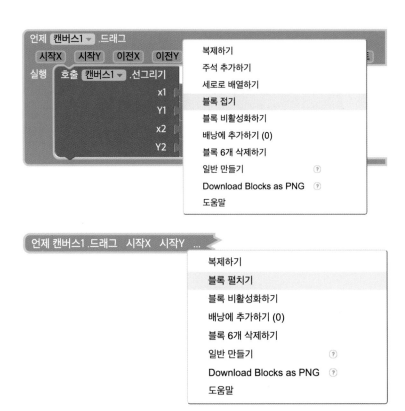

블록 영역에서 슬라이더1을 선택하고, 언제 슬라이더1.위치가변경되었을때 블록을 뷰어 영역에 추가해
주세요. 슬라이더의 섬네일 위치가 바뀔 때 실행되는 블록이에요.

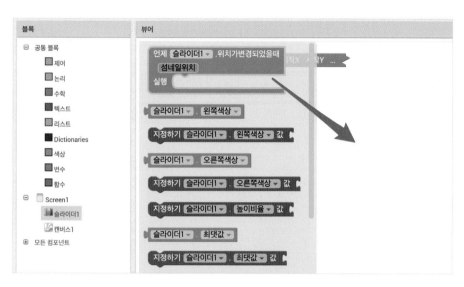

블록 영역에서 캔버스1을 선택하고, 지정하기 캔버스1.선두께 값 블록을 방금 추가한 언제 슬라이더1.
위치가변경되었을때 블록 안에 끼워주세요.

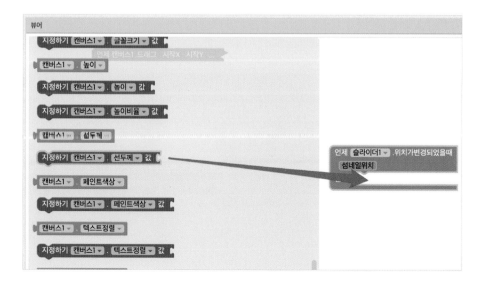

언제 슬라이더1.위치가변경되었을때 블록에 지역 변수인 섬네일위치 위에 마우스 커서를 올려놓으면
다음과 같은 변수 블록들이 표시돼요. 여기서 가져오기 섬네일위치 블록을 방금 추가한 지정하기
캔버스1.선두께 값 블록에 끼워주세요.

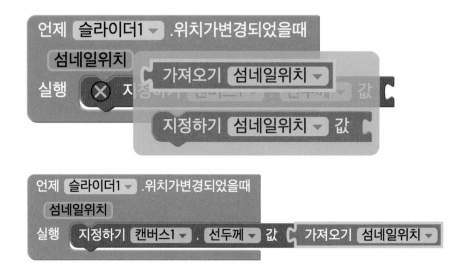

완성된 블록 화면이에요. 이번 장의 프로젝트는 링크(bit.ly/3116dTh)에 접속해 확인할 수 있어요. 프
로젝트를 MIT AI2 Companion과 연결해주세요. 슬라이더의 섬네일 위치를 수정하고 선을 그리면
선 굵기가 바뀐 것을 확인할 수 있어요.

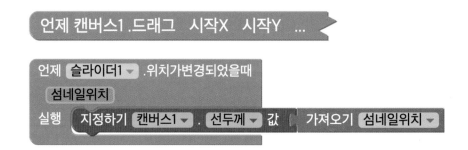

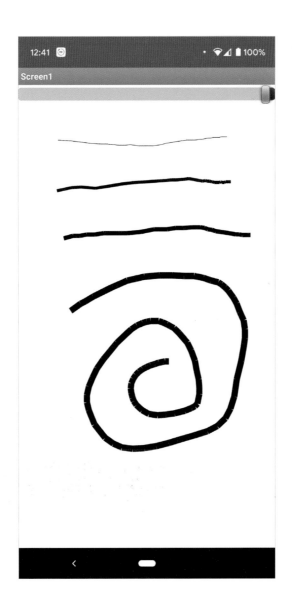

그림 저장하기

앱 인벤터에서는 캔버스에 그린 그림을 저장할 수 있어요. 바로 캔버스의 `호출 캔버스.저장하기` 블록 또는 `호출 캔버스.다른이름으로저장하기` 블록을 이용하면 돼요. 이 둘의 차이점은 파일명을 설정하느냐 마느냐에 있어요. 여기서는 자동으로 파일명을 지정해 저장해주는 `호출 캔버스.저장하기` 블록을 이용해 그림 저장하는 방법을 알아볼 거에요.

팔레트의 사용자 인터페이스에서 버튼을 찾아 슬라이더1과 캔버스1 사이에 추가해주세요. 그리고 이름을 버튼_저장으로 바꿔주세요. 또한 앱에서 구별할 수 있도록 버튼_저장의 텍스트도 저장으로 바꿔주세요.

다음으로 저장된 그림 파일의 경로를 화면에 표시하기 위해 알림을 추가해주세요.

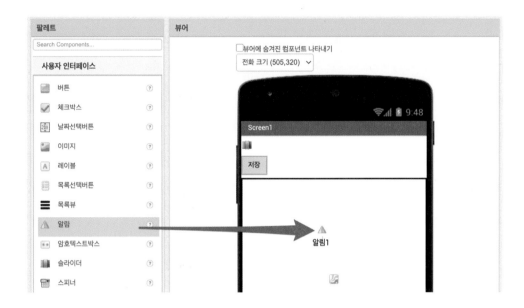

블록 영역에서 버튼_저장을 선택하고 언제 버튼_저장.클릭했을때 블록을 추가해주세요.

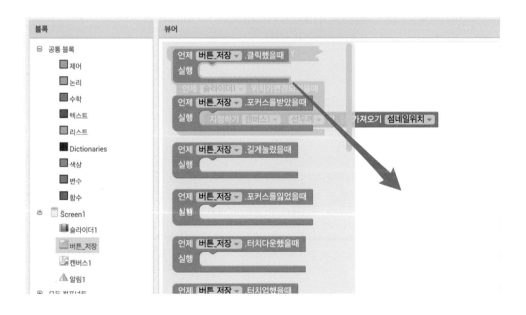

블록 영역에서 알림1을 선택하고 호출 알림1.경고창보이기 블록을 방금 추가한 언제 버튼
_저장.클릭했을때 블록 안에 추가해주세요.

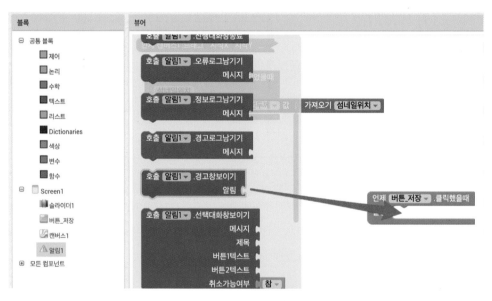

마지막으로 캔버스1을 선택하고 호출 캔버스1.저장하기 블록을 호출 알림1.경고창보이기 블록 칸에 끼워주세요. 호출 캔버스1.저장하기 블록의 경우 임의의 이름으로 그림 파일을 저장하고, 저장된 파일 경로를 결과 값으로 알려줘요. 이 결과값이 바로 호출 알림1.경고창보이기 블록의 알림 칸에 텍스트로서 전달돼요.

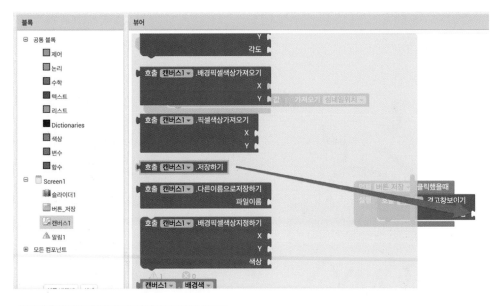

프로젝트를 MIT AI2 Companion과 연결해주세요. 그림을 그리고 저장을 누르면 화면에 저장 경로가 표시되는 것을 볼 수 있어요. 나중에 이 경로로 들어가면 저장된 그림 파일을 확인할 수 있어요.

PART

12

선 색 바꾸기

이번 장에서는 버튼 색에 맞춰서 캔버스의 선 색을 바꾸는 것을 해봅니다. 예로 들어 빨간 버튼을 누르면 빨강색, 파란 버튼을 누르면 파랑색으로 선 색이 바뀌 도록 민듭니다. 또한 히니의 블록으로 모든 버튼을 제어할 수 있는 모든버튼 블록에 대해 살펴봅니다.

컴포넌트 추가하기

이번에는 버튼을 눌러 캔버스에서 그려지는 선 색을 바꿀 수 있게 만들 거에요. 앞에서 만든 프로젝트를 다시 열어주세요. 프로젝트가 열리면 팔레트의 레이아웃에서 수평배치를 찾아 기존에 추가했던 슬라이더와 캔버스 사이에 추가해주세요. 수평배치는 자식 컴포넌트들을 수평으로 배치시킬 때 사용해요. 추가한 수평배치1의 너비를 부모 요소에 맞추기로 설정해주세요.

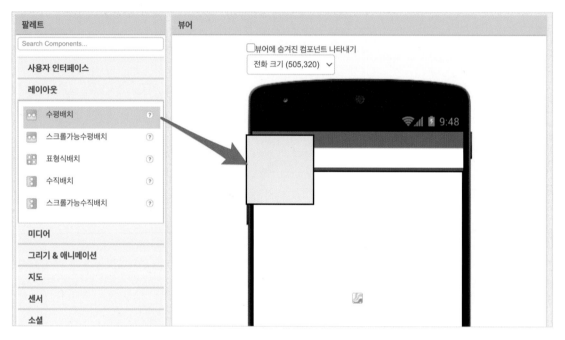

팔레트의 사용자 인터페이스에서 버튼을 방금 추가한 수평배치1 안에 넣어주세요. 총 4개의 버튼을 넣어주세요. 그리고 버튼들의 이름을 각각 버튼_빨강, 버튼_파랑, 버튼_초록, 버튼_검정으로 바꿔주세요.

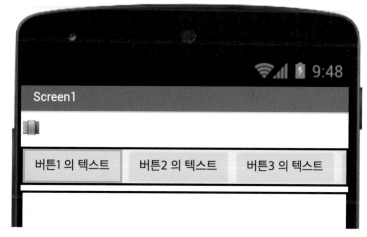

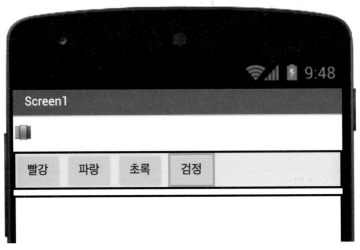

버튼의 배경색도 이름에 맞게 바꿔볼 거에요. 버튼들의 배경색 속성을 이름과 같은 색으로 선택해주세요.

검정색의 경우 글자색과 배경색이 모두 검정이라 글자가 보이질 않아요. 따라서 텍스트색상 속성을 흰색으로 설정해주세요.

블록 코딩하기

이제 블록을 배치해 코딩을 할 거에요. 블록 영역에서 버튼_빨강을 선택하고, 언제 버튼_빨강.클릭했을때 블록을 뷰어 영역에 추가해주세요.

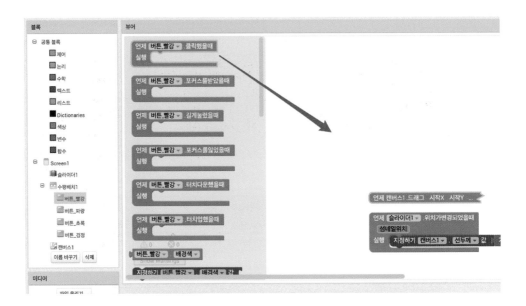

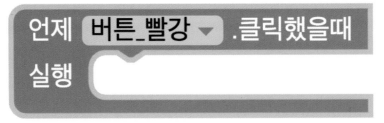

블록 영역에서 색상을 선택하고 빨간색 블록을 방금 추가한 지정하기 캔버스1.페인트색상 값 블록에 끼워주세요. 이렇게 하면 버튼_빨강을 클릭했을 때 선 색을 빨간색으로 바꿔요.

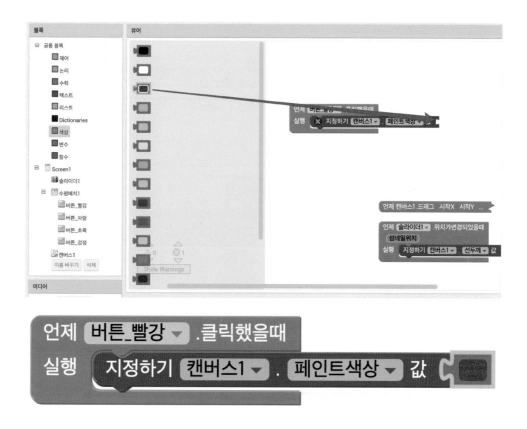

나머지 버튼들도 각 색상에 맞게 똑같이 블록을 만들어주세요.

언제 버튼_검정 ▼ .클릭했을때
실행 지정하기 캔버스1 ▼ . 페인트색상 ▼ 값 █

완성된 블록 화면이에요. 이번 장의 프로젝트는 링크(bit.ly/348VnfJ)에 접속해 확인할 수 있어요. 프로젝트를 MIT AI2 Companion과 연결해주세요. 색상 버튼을 클릭하면 선 색이 바뀌는 것을 확인할 수 있어요.

언제 버튼_빨강 ▼ .클릭했을때
실행 지정하기 캔버스1 ▼ . 페인트색상 ▼ 값

언제 버튼_파랑 ▼ .클릭했을때
실행 지정하기 캔버스1 ▼ . 페인트색상 ▼ 값

언제 버튼_초록 ▼ .클릭했을때
실행 지정하기 캔버스1 ▼ . 페인트색상 ▼ 값

언제 버튼_검정 ▼ .클릭했을때
실행 지정하기 캔버스1 ▼ . 페인트색상 ▼ 값 █

언제 캔버스1.드래그 시작X 시작Y ...

언제 슬라이더1.위치가변경되었을때 섬네일위치...

모든버튼 사용하기

앞에서 버튼 4개를 이용해 선 색을 변경했어요. 그런데 만약 사용하고 싶은 색이 여러 개라면 어떻게 해야 할까요? 당연히 원하는 색의 갯수만큼 버튼을 추가해야 해요. 4개 정도는 괜찮지만 10개 또는 20개 이상이 되면 버튼을 추가하고 블록을 추가하다 지칠지 몰라요. 이런 수고를 덜 수 있는 방법이 있어요. 하나의 블록으로 모든 버튼을 제어하는 거에요. 블록 영역에 모든 컴포넌트를 사용하면 돼요.

기존에 추가했던 버튼 블록을 모두 삭제해주세요. 삭제할 때 다음과 같은 경고창이 뜰 수도 있어요. 블록에 포함된 모든 블록을 제거해도 괜찮은지 물어보는 건데, 그냥 [삭제]를 누르면 돼요.

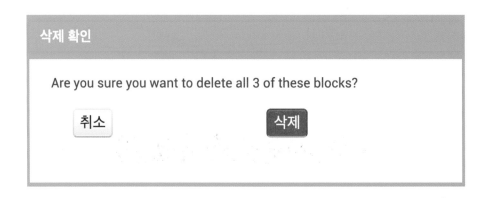

블록 영역에서 모든 컴포넌트 밑에 모든버튼을 선택하고 언제든지버튼.클릭했을때 블록을 추가해주세요. 이 블록은 어떤 버튼이건 클릭할 때마다 실행되는 블록이에요.

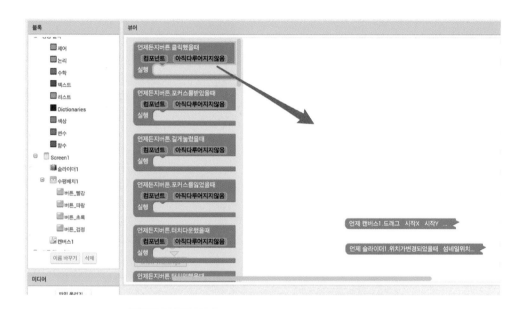

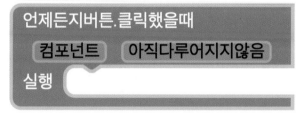

블록 영역에서 캔버스1을 선택하고, 지정하기 캔버스1.페인트색상 값 블록을 방금 추가한
언제든지버튼.클릭했을때 블록 안에 추가해주세요.

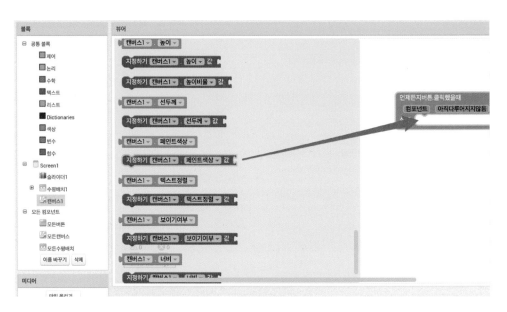

블록 영역에서 모든버튼을 선택하고, 버튼 배경색 블록을 방금 추가한 `지정하기 캔버스1.페인트` `색상 값` 블록의 칸에 끼워주세요. 이 블록은 특정 버튼의 배경색 값을 알려줘요. 디자이너 영역에서 버튼을 추가할 때 각 버튼 배경색을 색상에 맞게 설정했기 때문에 그 색 정보를 그대로 활용할 수 있어요.

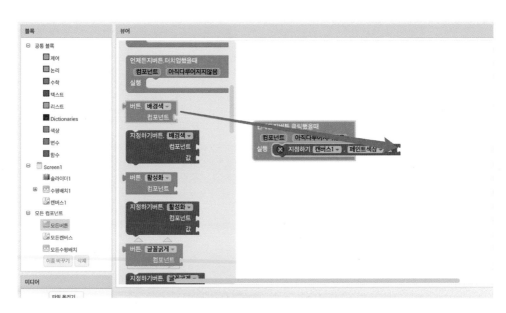

언제든지버튼.클릭했을때 블록에 컴포넌트 변수 위에 마우스 커서를 올려놓으면 다음과 같은 블록들이 표시돼요. 여기서 가져오기 컴포넌트 블록을 버튼.배경색 블록 칸에 끼워주세요. 이 컴포넌트는 언제든지버튼.클릭했을때 블록이 실행될 때 당시 클릭된 버튼 정보를 알려주는 거에요. 만약 버튼_빨강을 누르면 클릭된 버튼이 버튼_빨강이라고 알려줘요. 따라서 그걸 이용해 다시 버튼 배경색을 확인하고, 다시 그 색으로 캔버스의 선 색을 설정해요. 프로젝트를 MIT AI2 Companion과 연결해서 확인하면 기존 버튼 블록 4개를 사용했을 때처럼 선 색이 변하는 것을 볼 수 있어요.

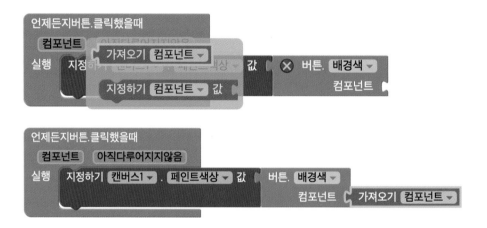

13

배경 이미지 추가하기

이번 장에서는 캔버스에 배경 이미지를 추가하는 것을 해봅니다. 예로 색칠 공부를 할 수 있는 이미지를 추가해봅니다. 그리고 가속도센서를 이용해서 스마트폰을 흔들면 캔버스에 그린 것늘을 시우게 만들어봅니다. 또힌 배경 이미지를 아예 없애는 것도 해봅니다.

컴포넌트 추가하기

이번에는 기존 캔버스에 배경 이미지를 추가하는 것을 해볼 거에요. 앞에서 만든 프로젝트를 다시 열어주세요. 프로젝트가 열리면 미디어 영역에서 [파일 올리기...] 버튼을 클릭해주세요. 클릭하면 파일 올리기 창이 표시돼요. 여기서 [파일 선택] 버튼을 클릭하고 사용할 이미지 파일을 선택해주세요. 선택하면 파일명이 표시되는 것을 볼 수 있어요. 이 상태에서 [확인]을 클릭하면 미디어 영역에 이미지가 추가된 것을 확인할 수 있어요.

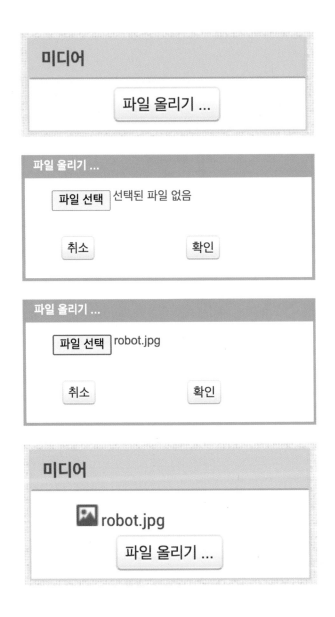

이제 캔버스에 배경 이미지가 표시되도록 해볼게요. 캔버스1의 배경이미지 속성을 클릭해주세요. 클릭하면 미디어에 추가한 사용 가능한 이미지들이 표시돼요. 여기서 사용할 이미지를 선택하고 [확인]을 클릭해주세요. 클릭하면 배경이미지 속성 값이 바뀌고, 캔버스 배경에도 선택한 이미지가 표시돼요.

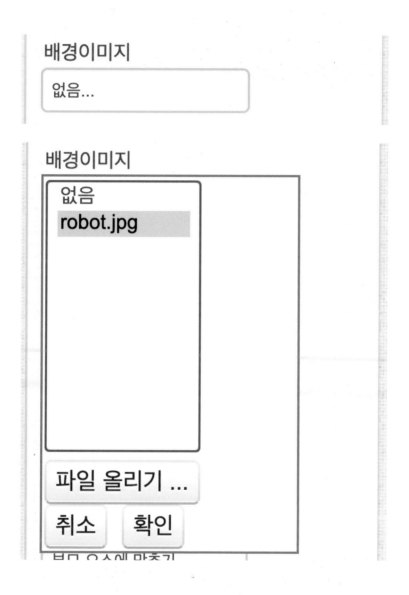

배경이미지

robot.jpg...

팔레트의 센서에서 가속도센서를 찾아 뷰어 영역에 추가해주세요. 가속도센서 컴포넌트는 보이지 않는 컴포넌트에요. 따라서 뷰어 안 폰 화면에는 표시가 되지 않고, 하단에 보이지 않는 컴포넌트 부분에 표시되는 것을 볼 수 있어요. 또한 컴포넌트 영역에서도 확인할 수 있어요.

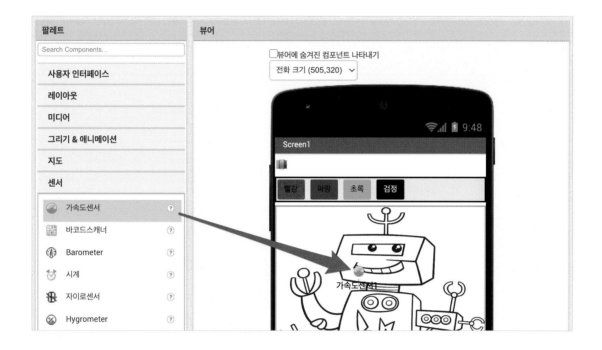

블록 코딩하기

이제 블록을 배치해 코딩을 할 거에요. 블록 영역에서 가속도센서1을 선택하고, `언제 가속도센서1.흔들렸`
`을때` 블록을 뷰어 영역에 추가해주세요.

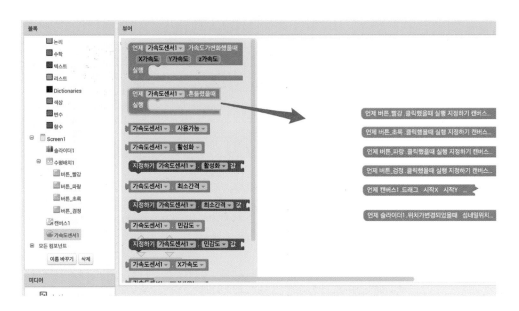

블록 영역에서 캔버스1을 선택하고, 호출 캔버스1.지우기 블록을 방금 추가한 언제 가속도센서1.흔들렸 을때 블록 안에 추가해주세요. 이 블록은 캔버스에 그린 것을 지울 때 사용해요. 그런데 지울 때는 배경이미지까지 지우진 않아요.

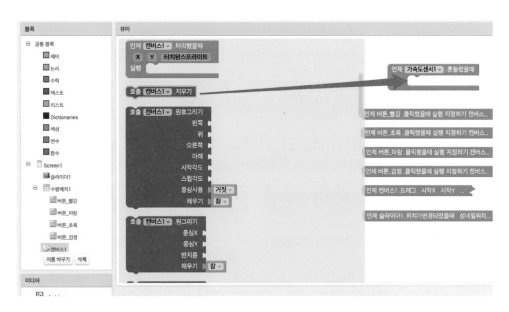

완성된 블록 화면이에요. 이번 장의 프로젝트는 링크(bit.ly/346EQJs)에 접속해 확인할 수 있어요. 프로젝트를 MIT AI2 Companion과 연결해주세요. 실행하면 배경 이미지가 표시되는 것을 볼 수 있어요. 그리고 마음껏 색칠했다가도 폰을 흔들면 다시 깨끗이 지워지는 것을 볼 수 있어요.

언제 버튼_초록 .클릭했을때 실행 지정하기 캔버스...

언제 버튼_파랑 .클릭했을때 실행 지정하기 캔버스...

언제 버튼_검정 .클릭했을때 실행 지정하기 캔버스...

언제 캔버스1 .드래그   시작X   시작Y   ...

언제 슬라이더1 .위치가변경되었을때   섬네일위치...

배경 이미지도 지우기

앞에서 배경 이미지를 추가하고, 흔들면 그린 게 지워지도록 해놨어요. 그런데 지워질 때 배경 이미지가 지워지진 않아요. 혹시나 배경 이미지도 지우고 싶은 분들을 위해서 배경 이미지를 지우고, 다시 설정하는 방법을 알려드릴게요. 우선 버튼을 더 추가하기 위해서 팔레트의 레이아웃에서 수평배치를 수평배치1 밑에 추가해주세요. 그리고 너비를 부모 요소에 맞추기로 설정해주세요.

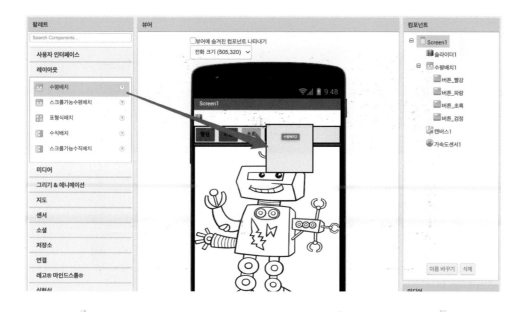

너비

부모 요소에 맞추기...

방금 추가한 수평배치2에 버튼 2개를 추가하고, 이름과 텍스트를 각각 다음과 같이 설정해
주세요.

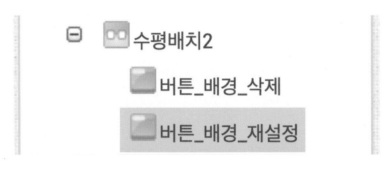

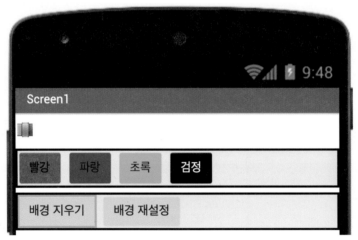

우선 언제 버튼_배경_삭제.클릭했을때 블록을 다음처럼 만들어주세요. 이렇게 하면 버튼_배
경_삭제 버튼을 클릭할 때 캔버스1의 배경 이미지가 사라져요.

이번에는 배경을 다시 원래대로 만들 수 있게 해볼게요. 우선 언제 버튼_배경_삭제.클릭했을때 블록을 마우스 우측 버튼으로 클릭하고 [복제하기]를 눌러주세요. 그리고 드롭다운 버튼을 클릭해서 [버튼_배경_재설정]으로 바꿔주세요.

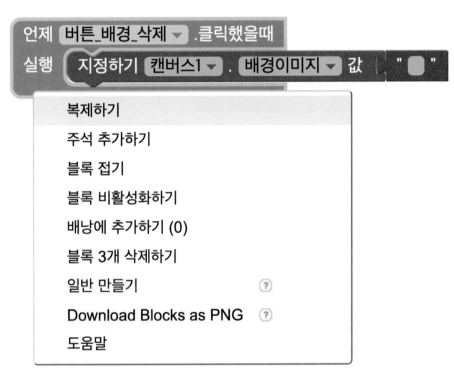

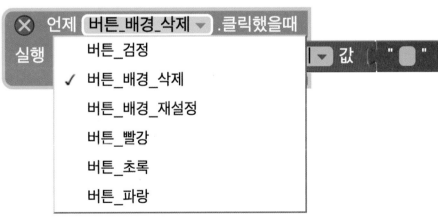

언제 버튼_배경_재설정.클릭했을때 블록에 있는 문자 블록에 이미지 파일명을 입력해주세요. 이미지 파일명이 기억 안 난다면 미디어 부분에 가서 확인할 수 있어요. 이렇게 설정하면 배경이 지워졌다가 버튼_배경_재설정 버튼을 클릭하면 배경이 다시 해당 이미지 파일로 설정돼요.

PART

14

사진을 찍어 배경으로
사용하기

이번 장에서는 카메라로 사진을 찍은 뒤 그 사진을 캔버스에 배경으로 설정하는 것을 해봅니다. 또한 이미지선택버튼을 이용해서 스마드폰의 사진을 불러와 배경으로 설정하는 것도 해봅니다.

컴포넌트 추가하기

이번에는 카메라로 사진을 찍은 뒤 찍은 사진을 캔버스의 배경으로 설정하는 것을 해볼 거에요. 앞에서 만든 프로젝트를 다시 열어주세요. 팔레트의 레이아웃에서 수평배치를 기존에 있는 수평배치1 밑에 추가해주세요. 그리고 너비를 부모 요소에 맞추기로 설정해주세요.

너비

부모 요소에 맞추기...

다음으로 팔레트의 사용자 인터페이스에서 버튼을 방금 추가한 수평배치 안에 추가해주세요. 그리고
이름을 버튼_카메라로 바꾸고, 텍스트도 카메라로 바꿔주세요.

마지막으로 팔레트의 미디어에서 카메라를 뷰어에 추가해주세요. 카메라는 보이지 않는 컴포넌트에
요. 따라서 하단에 보이지 않는 컴포넌트 부분에서 확인할 수 있어요.

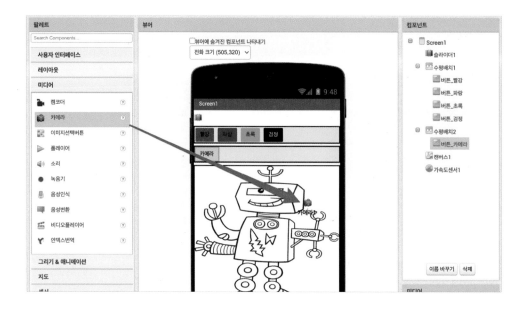

이제 블록을 배치해 코딩을 할 거에요. 블록 영역에서 버튼_카메라를 선택하고, 언제 버튼_카메라. 클릭했을때 블록을 뷰어 영역에 추가해주세요.

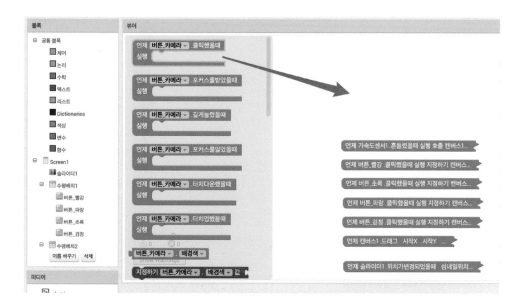

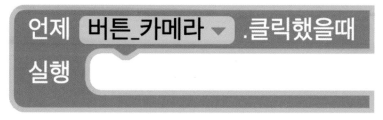

블록 영역에서 카메라1을 선택하고, 호출 카메라1.사진찍기 블록을 방금 추가한 언제 버튼_카메라.클릭했을때 블록 안에 추가해주세요. 이 블록을 호출하면 기본 사진 앱을 실행해요.

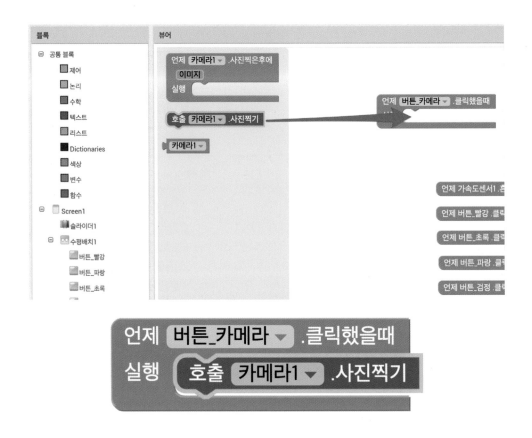

블록 영역에서 카메라1을 선택하고, 언제 카메라1.사진찍은후에 블록을 뷰어 영역에 추가해주세요. 이 블록은 호출 카메라1.사진찍기 블록으로 사진을 찍으면 실행되는 블록이에요.

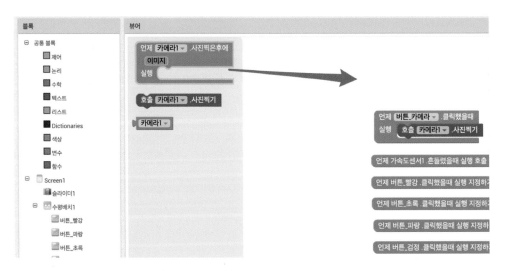

블록 영역에서 캔버스1을 선택하고, 지정하기 캔버스1.배경이미지 블록을 방금 추가한 언제 카메라1. 사진찍은후에 블록 안에 추가해주세요.

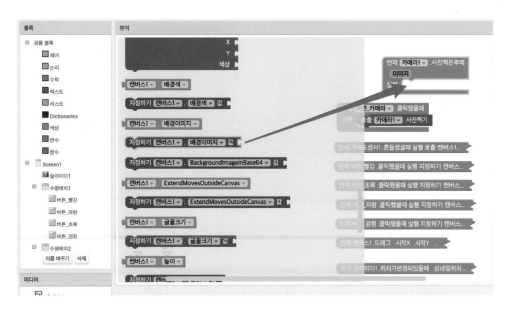

마우스 커서를 언제 카메라1.사진찍은후에 블록 안에 이미지 변수 위에 올리면 다음과 같이 변수 블록들을 선택할 수 있어요. 이 중 가져오기 이미지 블록을 방금 추가한 지정하기 캔버스1.배경이미지 블록에 끼워주세요. 이렇게 하면 사진을 찍은 후에 곧바로 그 찍은 이미지를 캔버스의 배경 이미지로 설정해요.

완성된 블록 화면이에요. 이번 장의 프로젝트는 링크(bit.ly/31V5S3D)에 접속해 확인할 수 있어요. 프로젝트를 MIT AI2 Companion과 연결해주세요. 실행하고 카메라 버튼을 클릭하면 기본 카메라 앱이 실행되는 것을 볼 수 있어요. 여기서 사진을 찍으면 다시 앱 인벤터 앱으로 돌아와서 방금 찍은 사진이 캔버스의 배경 이미지로 설정된 것을 볼 수 있어요. 일부 안드로이드 폰의 경우 저처럼 사진의 방향이 회전될 수 있어요.

언제 가속도센서1 .흔들렸을때 실행 호출 캔버스1...

언제 버튼_빨강 .클릭했을때 실행 지정하기 캔버스...

언제 버튼_초록 .클릭했을때 실행 지정하기 캔버스...

언제 버튼_파랑 .클릭했을때 실행 지정하기 캔버스...

언제 버튼_검정 .클릭했을때 실행 지정하기 캔버스...

언제 캔버스1 .드래그   시작X   시작Y   ...

언제 슬라이더1 .위치가변경되었을때   섬네일위치...

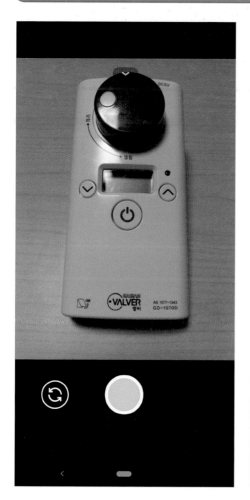

스마트폰 사진 불러오기

앞에서 카메라로 찍은 사진을 캔버스의 배경 이미지로 설정해봤어요. 이번에는 기존에 스마트폰에 있는 사진을 불러와서 캔버스의 배경 이미지로 설정하도록 해볼 거예요. 팔레트의 미디어에서 이미지선택버튼을 기존에 추가했던 버튼_카메라 옆에 추가해주세요. 그리고 버튼의 텍스트를 사진 불러오기로 바꿔주세요. 이 버튼은 스마트폰의 이미지를 불러올 때 사용할 거예요.

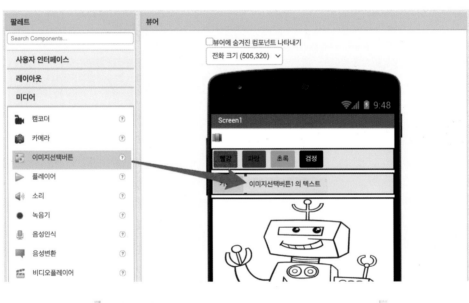

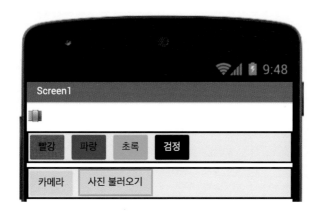

블록 영역에서 이미지선택버튼1을 선택하고 <u>언제 이미지선택버튼1.선택후에</u> 블록을 추가해주세요. 이 블록은 이미지선택버튼을 누르면 각 스마트폰의 이미지 선택 앱이 실행이 되는데, 그 앱에서 이미지를 선택하고 난 뒤에 실행되는 블록이에요. 이미지를 선택하는 앱은 기기마다 달라요.

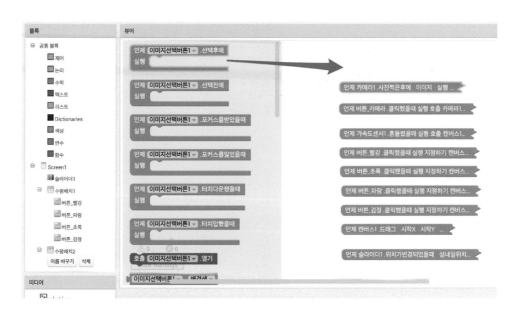

다음으로 블록 영역에서 캔버스1을 선택하고, 지정하기 캔버스1.배경이미지 값 블록을 방금
추가한 언제 이미지선택버튼1.선택후에 블록 안에 추가해주세요.

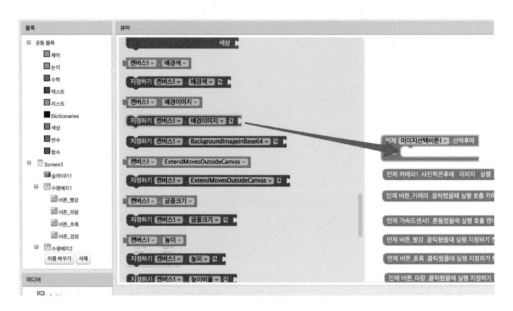

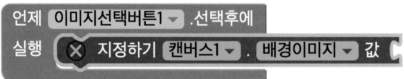

마지막으로 다시 블록 영역에서 이미지선택버튼1을 선택하고 이미지선택버튼1.선택된항목 블록을 방금 추가한 지정하기 캔버스1.배경이미지 값 블록에 끼워주세요. 프로젝트를 MIT AI2 Companion과 연결해주세요. 실행하고 사진 불러오기 버튼을 클릭하면 이미지를 선택하는 앱이 실행돼요. 그리고 여기서 이미지를 선택하면 캔버스의 배경 이미지로 설정할 수 있어요.

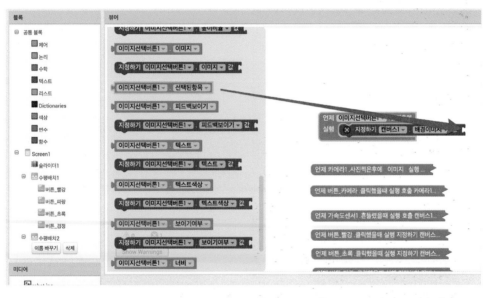

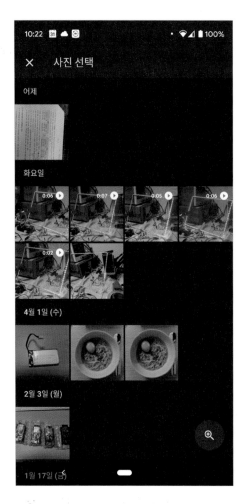

PART

15

로켓을 기울여 움직이기

이번 장에서는 캔버스와 스프라이트를 이용해 게임처럼 로켓을 움직이는 앱을
만들어봅니다. 또한 게임을 만들 때 많이 사용하는 스프라이트 이미지를 무료로
얻을 수 있는 사이트를 소개합니다.

컴포넌트 추가하기

이번에는 간단한 게임 앱을 만들 거에요. 메뉴에서 [프로젝트] – [새 프로젝트 시작하기]를 선택해서 새 프로젝트를 만들어주세요. 저는 이름을 HelloGame으로 지었어요. 이 프로젝트도 다음 챕터들에서 계속 사용할 거에요.

팔레트의 그리기 & 애니메이션에서 캔버스를 찾아 뷰어 영역에 추가해주세요. 그리고 캔버스의 높이와 너비를 모두 부모 요소에 맞추기로 설정해주세요.

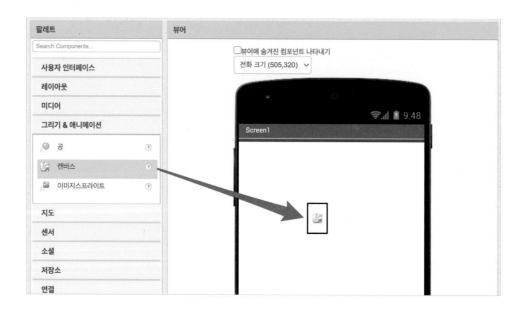

팔레트의 그리기 & 애니메이션에서 이미지스프라이트를 찾아 방금 추가한 캔버스1 안에 추가해주세요. 스프라이트는 게임에서 주로 사용하는 단어에요. 간단하게 설명하자면 게임에서 캐릭터의 이미지를 보여주는 것이 스프라이트라고 할 수 있어요. 이미지스프라이트는 캔버스 안에서 이미지를 보여줄 때 사용해요.

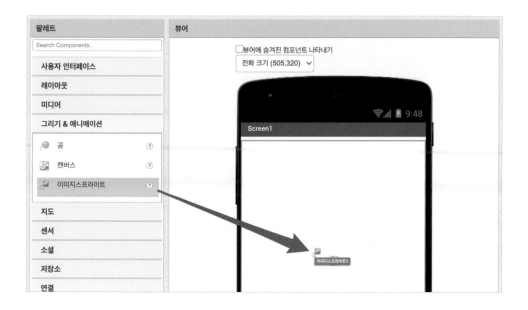

이번에는 이미지스프라이트에서 사용할 이미지를 설정할 거에요. 링크(bit.ly/3fyjI1t)로 이동해 로켓 이미지 파일을 다운로드해주세요. 혹시나 다른 이미지를 사용하고 싶다면 배경이 없는 PNG 형태면서 너비와 높이가 100px 이하인 이미지를 사용해수세요. 미니어 엉덕에서 [파일 올리기...] 미든을 클릭해주세요. 클릭하면 파일 올리기 창이 표시돼요. 여기서 [파일 선택] 버튼을 클릭하고 사용할 이미지 파일을 선택해주세요. 선택하면 파일명이 표시되는 것을 볼 수 있어요. 이 상태에서 [확인]을 클

릭하면 미디어 영역에 이미지가 추가된 것을 확인할 수 있어요.

이미지스프라이트1을 선택하고 사진 속성을 클릭해주세요. 클릭하면 추가한 미디어 파일들을 확인할
수 있어요. 이 중 이미지스프라이트에 사용할 이미지를 선택해주세요. 선택하면 이미지스프라이트의
모습이 선택한 이미지로 바뀐 것을 볼 수 있어요.

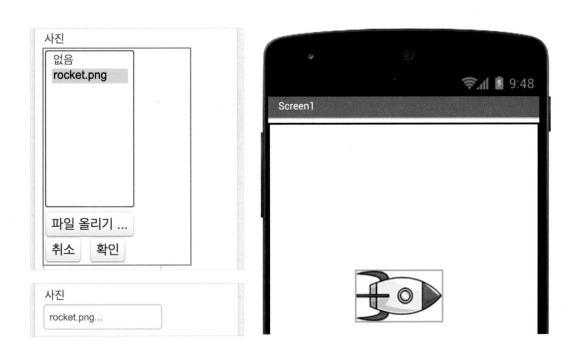

다음으로 팔레트의 센서에서 시계를 뷰어 영역에 추가해주세요. 그리고 타이머간격을 200으로 설정해주세요. 타이머간격이 시간 기준이 밀리초 즉 1000분의 1초인데 200이기 때문에 0.2초마다 특정블록을 실행하게 한 거에요.

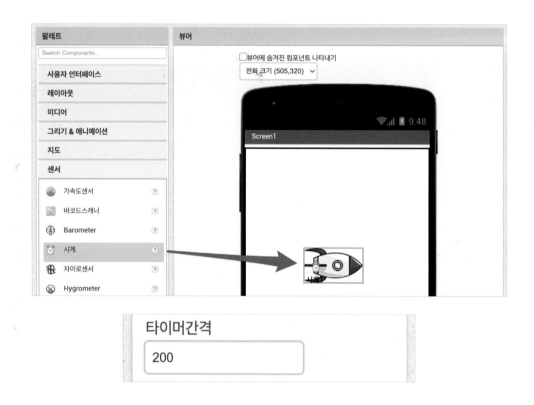

마지막으로 팔레트의 센서에서 방향센서를 추가해주세요.

블록 코딩하기

블록 영역에서 시계1을 선택하고 [언제 시계1.타이머가작동할때] 블록을 뷰어 영역에 추가해주세요. 앞에서 시계1의 타이머간격을 200으로 설정했는데, 따라서 0.2초마다 이 블록이 실행돼요.

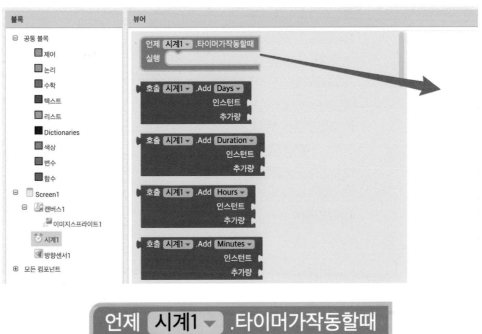

261

블록 영역에서 이미지스프라이트1을 선택하고 지정하기 이미지스프라이트1.방향 값 블록을 방금 추가한 언제 시계1.타이머가작동할때 블록 안에 추가해주세요. 이 블록은 이미지스프라이트가 바라보는 방향을 설정할 때 사용해요.

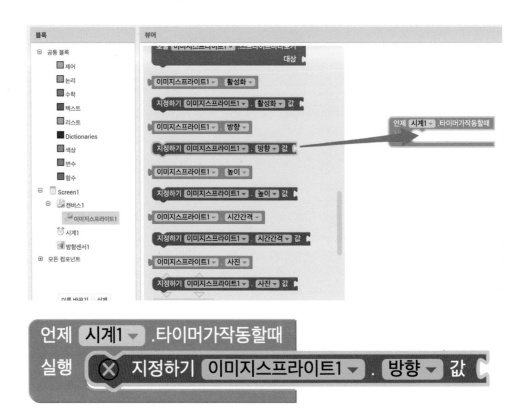

블록 영역에서 방향센서1를 선택하고 방향센서1.각도 블록을 방금 추가한 지정하기 이미지스프라이트1.방향 값 블록에 끼워주세요. 이 블록은 현재 스마트폰이 바라보는 방향을 각도값으로 알려줘요.

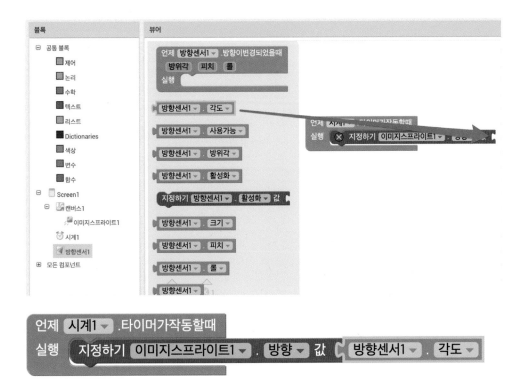

블록 영역에서 이미지스프라이트1를 선택하고 지정하기 이미지스프라이트1.속도 값 블록을 지정하기 이미지스프라이트1.방향 값 블록 다음에 추가해주세요. 이 블록은 이미지스프라이트의 움직이는 속도를 설정할 때 사용해요.

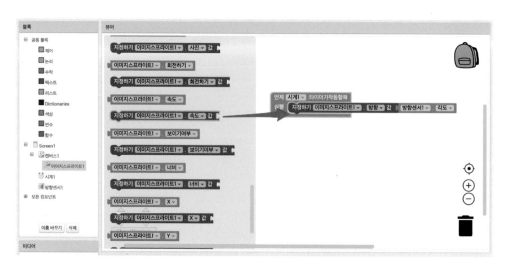

블록 영역에서 수학을 선택하고 곱셈 블록을 방금 추가한 지정하기 이미지스프라이트1.속도 값 블록에 끼워주세요.

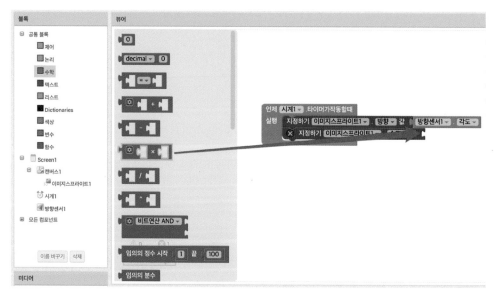

블록 영역에서 방향센서1을 선택하고 방향센서.크기 블록을 방금 추가한 곱셈 블록 왼쪽 칸에 끼워 주세요. 이 블록은 스마트폰이 특정 방향으로 향하고 있는 정도를 알려주는 블록이에요.

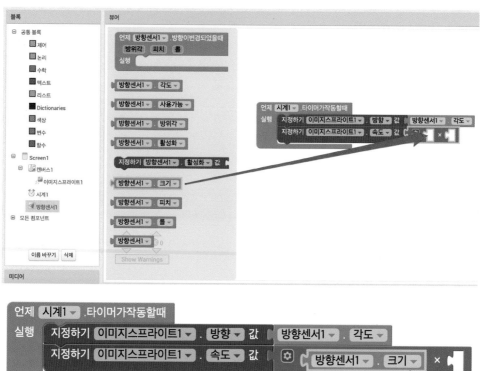

블록 영역에서 수학을 선택하고 값 블록을 곱셈 블록 오른쪽 칸에 끼워주세요. 그리고 값에 500을 입력해주세요. 이렇게 하면 방향센서1의 크기 값에 500을 곱하고 그 결과를 이미지스프라이트1의 속도로 설정해요.

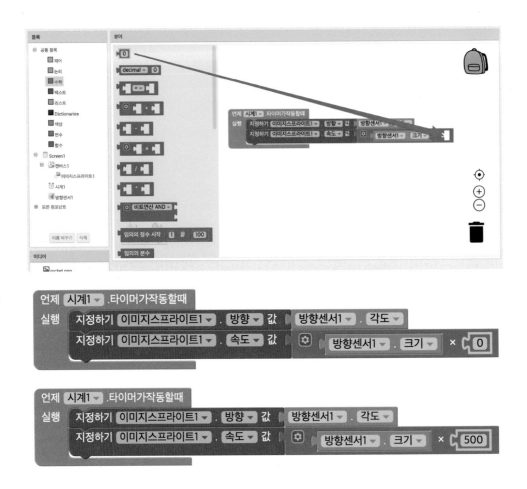

완성된 블록 화면이에요. 이번 장의 프로젝트는 링크(bit.ly/3h1PjcD)에 접속해 확인할 수 있어요. 프로젝트를 MIT AI2 Companion과 연결해주세요. 실행한 상태로 스마트폰을 기울이면, 기울이는 방향에 따라 로켓이 움직이는 것을 볼 수 있어요.

스프라이트 이미지 얻기

2D 게임에서 캐릭터들의 모습이 바뀔 수 있는 것은 바로 스프라이트 이미지를 사용하기 때문이에요. 스프라이트 이미지는 캐릭터가 움직이는 모습을 보여주기 위해 여러 이미지를 결합시킨 거라고 생각하면 돼요. 디자인 프로그램을 잘 다루는 사람이라면 직접 스프라이트 이미지를 만들 수 있지만, 그렇지 않아도 무료 사이트를 통해 괜찮은 스프라이트 이미지들을 얻을 수 있어요. 스프라이트 이미지를 얻을 수 있는 무료 사이트들이 어떤 것이 있는지 살펴볼게요.

01 | opengameart.org

opengameart.org는 스프라이트 이미지를 포함해 다양한 게임 이미지를 공유하는 사이트에요. 사이트 메인에 들어가면 최근 가장 인기 있는 이미지들을 볼 수 있어요. 그리고 정기적으로 재미있는 주제를 가지고 챌린지를 열기도 해요. 예로 몬스터 마을을 주제로 한 게임 이미지 챌린지 등을 해요. 필요한 스프라이트 이미지를 얻는 것뿐만 아니라, 여러분도 재밌는 게임 이미지를 만들어서 다른 사람들과 공유해보세요.

02 | craftpix.net

craftpix.net은 무료 겸 유료사이트에요. 게임 스프라이트 이미지뿐만 아니라 아이콘, 배경 이미지 등 다양한 게임 관련 이미지를 얻을 수 있어요. 그리고 멤버십을 이용하면 더 편하게 서비스를 이용할 수 있고, 품질이 좋은 유료 이미지들을 이용할 수도 있어요. 물론 무료 이미지도 좋은 것들이 많이 있어요. 게임 장르별, 그리고 게임 개발 도구에 맞춰 이미지들이 정리가 잘 되어있어서 전문적인 게임을 만들고 싶다면 추천드려요.

03 | itch.io

게임을 만드는 건 영화를 만드는 것과 비슷해요. 세계적인 영화가 엄청나게 많은 돈을 들여 만들듯이 세계적인 게임도 엄청나게 많은 돈을 들여 만들어요. 반면에 개인 또는 아주 작은 회사가 만드는 게임도 있어요. 그런 게임들을 인디 게임이라고 불러요. 그렇다고 인디 게임이 돈을 많이 들인 게임보다 재미가 없는 건 절대 아니에요. itch.io는 다양한 무료 인디 게임을 공유하는 사이트에요.

itch.io는 인디 게임뿐만 아니라 게임을 만들 때 필요한 이미지들도 제공해요. itch.io/game-assets 링크로 들어가 다양한 이미지를 확인할 수 있어요. 혹시 인디 게임에 대한 더 많은 정보를 얻고 싶다면 itch.io의 유튜브 채널인 youtube.com/c/itchiogames도 추천드려요. 여러분도 자신만의 인디 게임을 만들어보세요.

16

펄럭펄럭 움직이는 새

이번 장에서는 복수의 이미지를 이용해서 스프라이트로 애니메이션을 만들어 봅니다. 새 이미지를 이용해 새가 날갯짓을 하는 것처럼 구현합니다. 그리고 애니메이션 부분과 움직이는 부분을 분리하는 것을 해봅니다.

컴포넌트 추가하기

이번에는 스프라이트로 애니메이션이 보여지도록 할 거에요. 새 이미지를 이용해서 새가 날갯짓을 하는 것처럼 만들 거에요. 아래 링크의 이미지 4개를 모두 받아주세요. 그리고 다운로드한 이미지를 모두 미디어에 추가해주세요.

- neosarchizo.github.io/img/0.png
- neosarchizo.github.io/img/1.png
- neosarchizo.github.io/img/2.png
- neosarchizo.github.io/img/3.png

컴포넌트 영역에서 이미지스프라이트1을 선택하고 사진 속성을 0.png로 선택해주세요.

블록 코딩하기

이제 블록을 배치해 코딩을 할 거에요. 블록 영역에서 변수를 선택하고, `전역변수 만들기 이름 초기값` 블록을 뷰어 영역에 추가해주세요. 그리고 이름을 이미지로 바꿔주세요. 이제 모든 블록에서 이미지라는 값을 사용할 수 있어요. 이제부터 이미지 값을 이용해서 현재 이미지스프라이트에 표시해야 할 이미지 순서 정보를 기록할 거에요.

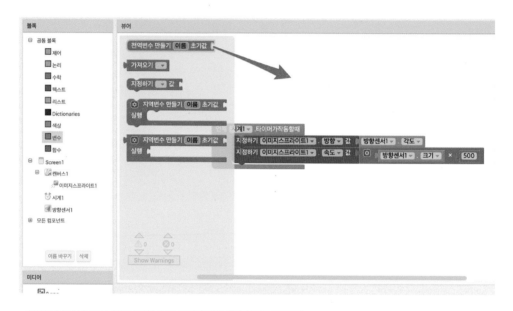

블록 영역에서 수학을 선택하고 값 블록을 방금 추가한 전역변수 만들기 이미지 초기값 블록에 끼워 주세요. 이미지 전역변수의 처음 값을 0으로 설정하는 거에요.

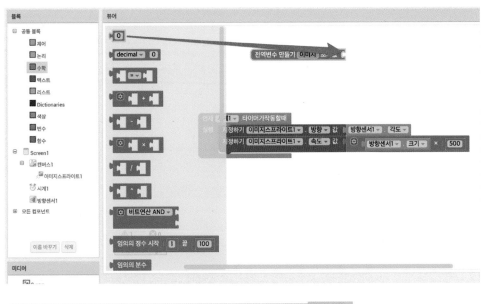

블록 영역에서 이미지스프라이트1을 선택하고 지정하기 이미지스프라이트1.사진 값 블록을 기존에 있 는 언제 시계1.타이머가작동할때 블록 안쪽 가장 위에 추가해주세요. 앞 장에서 이미지스프라이트1의 사진을 속성에서 설정했었는데, 이 블록을 이용해도 사진을 설정할 수 있어요. 여기에 미디어에 있는 이미지 파일명을 입력해주면 해당 이미지 파일이 사진으로 설정돼요.

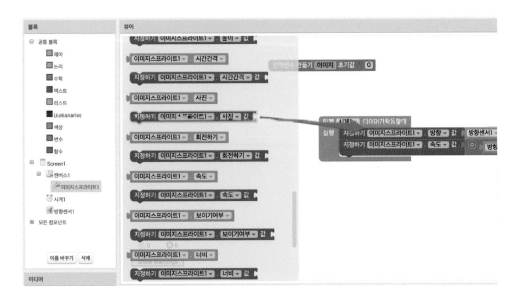

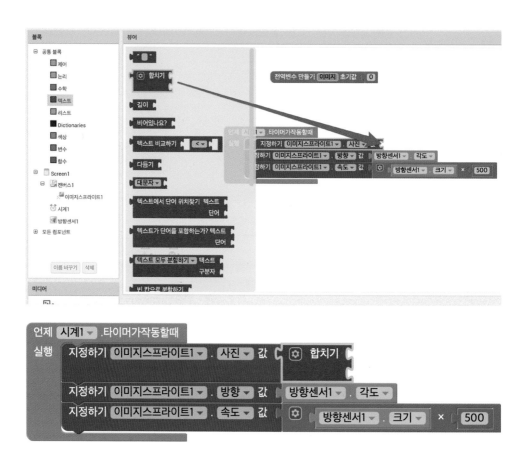

블록 영역에서 텍스트를 선택하고 합치기 블록을 방금 추가한 지정하기 이미지스프라이트1.사진 값 블록에 끼워주세요.

블록 영역에서 변수를 선택하고 가져오기 블록을 방금 추가한 합치기 블록 첫번째에 끼워주세요. 그리고 가져오기 블록의 값을 전역변수 이미지로 선택해주세요. 전역변수 이미지에 있는 값을 가져와서 사용한다는 뜻이에요.

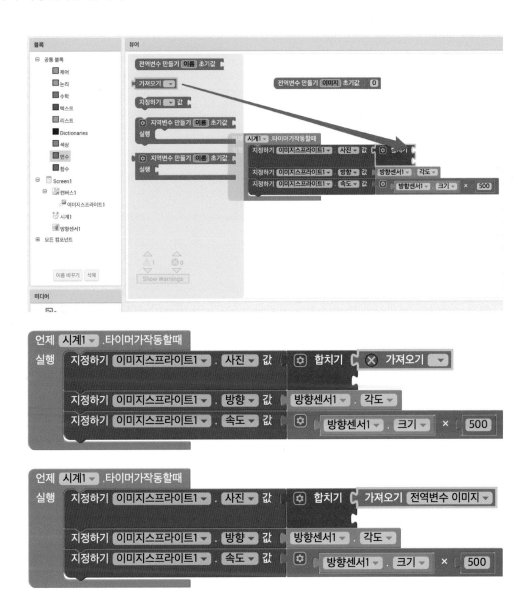

블록 영역에서 텍스트를 선택하고 문자 블록을 합치기 블록 두번째 칸에 끼워주세요. 그리고 문자 블록에 ".png"를 입력해주세요. 바로 앞에서 추가한 이미지 파일들의 이름이 0.png, 1.png, 2.png, 3.png와 같은 형태로 되어있기 때문이에요. 그리고 전역변수 이미지의 값을 0, 1, 2, 3 형태로 바뀌게 할건데 그 값을 갖고 와서 ".png"와 합친 뒤 이미지스프라이트1의 사진 값으로 설정하게 돼요.

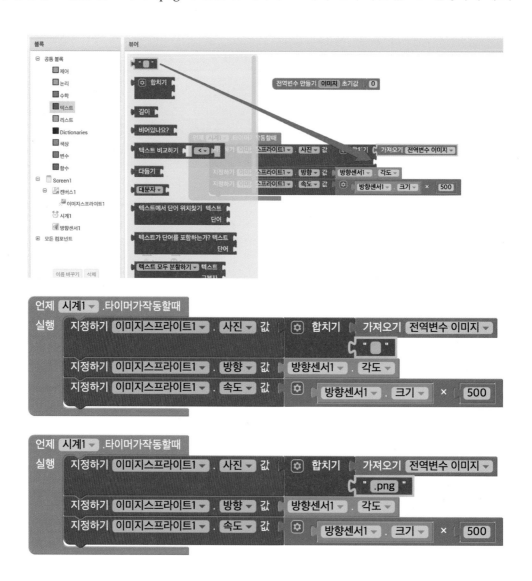

블록 영역에서 변수를 선택하고 지정하기 값 블록을 언제 시계1.타이머가작동할때 블록 마지막에 추가해주세요. 그리고 지정하기 값 블록의 값을 전역변수 이미지 로 선택해주세요. 이 블록은 변수의 값을 설정할 때 사용하는데, 여기서는 전역변수 이미지의 값을 바꾸기 위해 사용해요.

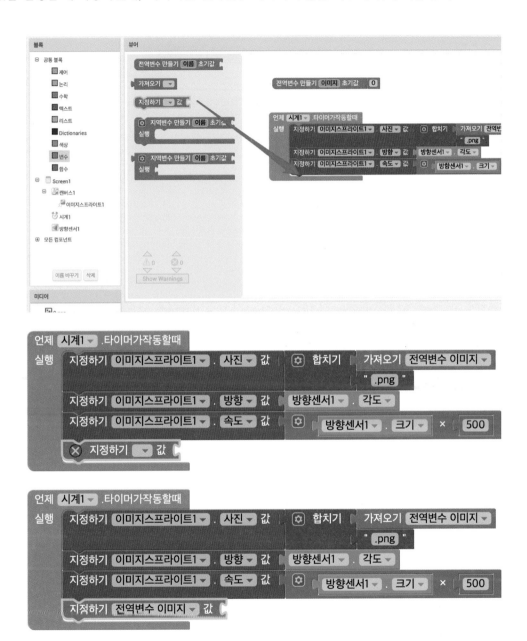

블록 영역에서 수학을 선택하고 더하기 블록을 방금 추가한 지정하기 전역변수 이미지 값 블록에 끼워주세요.

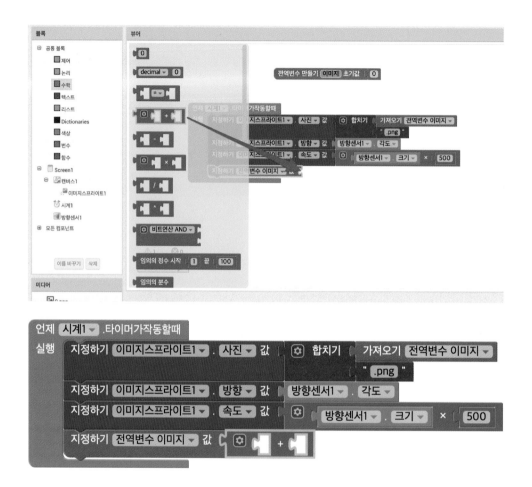

기존 합치기 블록 첫번째 칸에 있는 가져오기 전역변수 이미지 블록 위에 마우스 우측 버튼을 클릭해주세요. 그리고 [복제하기]를 눌러 똑같은 블록을 만든 후 그 블록을 방금 추가했던 더하기 블록 왼쪽 칸에 끼워주세요.

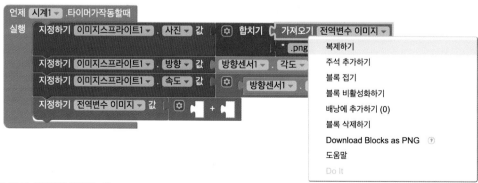

블록 영역에서 수학을 선택하고 값 블록을 더하기 블록 오른쪽 칸에 끼워주세요. 그리고 값 블록의 값에 1을 입력해주세요. 이렇게 하면 전역변수 이미지의 값이 1을 더한 값으로 바뀌게 돼요.

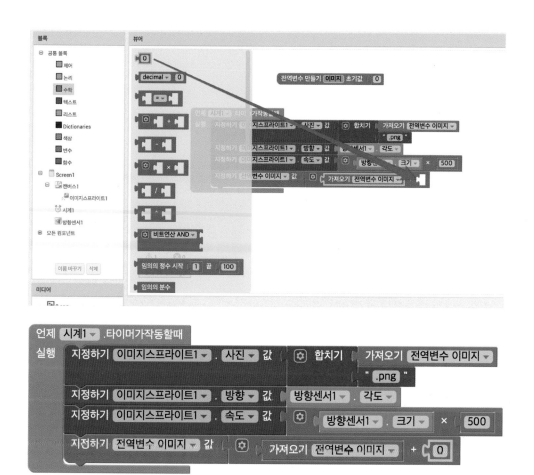

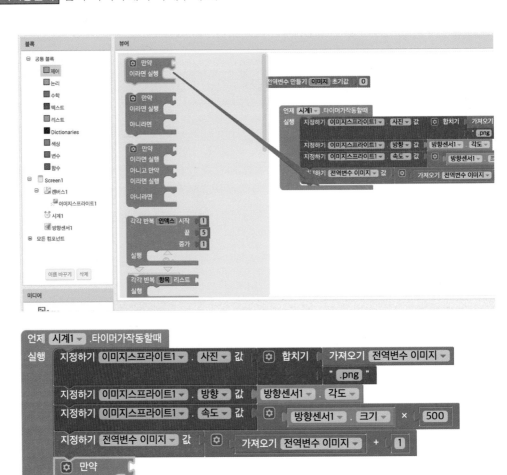

문제는 이미지 파일들이 0.png, 1.png, 2.png, 3.png인데 만약 전역변수 이미지 값이 4로 늘어나면 에러가 난다는 거에요. 이를 막기 위해 전역변수 이미지 값이 늘어나서 4가 됐다고 판단되면 곧바로 0으로 바뀌게 할 거에요. 블록 영역에서 제어를 선택하고 `만약 이라면 실행` 블록을 `언제 시계1.타이` `머가작동할때` 블록 마지막에 추가해주세요.

블록 영역에서 수학을 선택하고 [비교] 블록을 방금 추가한 [만약 이라면 실행] 블록에 끼워주세요. 그리고 [가져오기] 블록과 [값] 블록을 복사해 다음과 같이 추가해주세요. 이렇게 하면 전역변수 이미지의 값이 4인지 확인하고 만약 맞다면 전역변수 이미지의 값이 0으로 바뀌어요. 그래서 전역변수 이미지의 값은 0, 1, 2, 3, 0, 1, 2, 3과 같이 바뀌게 돼요.

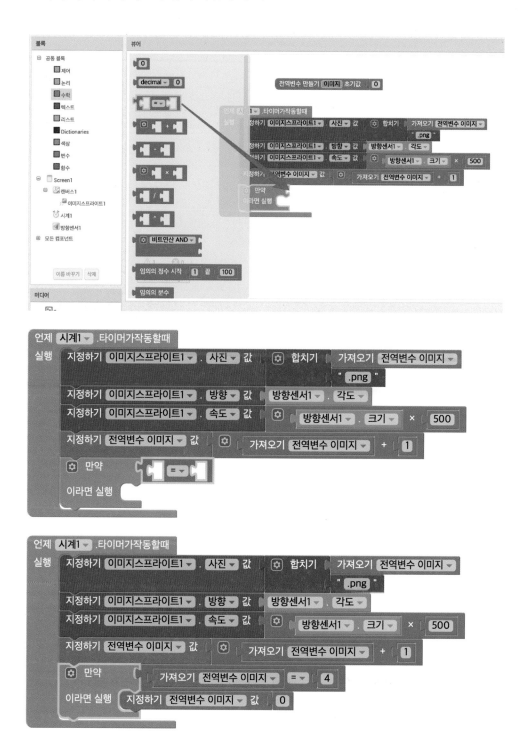

완성된 블록 화면이에요. 이번 장의 프로젝트는 링크(bit.ly/2PWfOUV)에 접속해 확인할 수 있어요. 프로젝트를 MIT AI2 Companion과 연결해주세요. 실행하고 스마트폰을 기울이면, 기울이는 방향에 따라 날갯짓을 하며 날아다니는 새를 볼 수 있어요.

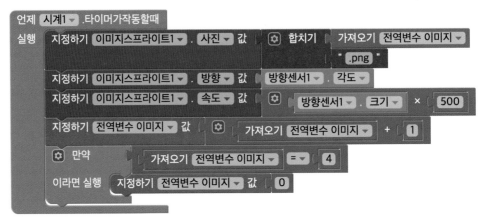

애니메이션 블록 분리하기

이번 장을 똑같이 따라하면 새가 날갯짓을 하며 움직이는 결과를 볼 수 있어요. 그런데 날 갯짓을 움직이는 애니메이션 블록과 새의 방향과 위치를 바꾸는 블록이 하나로 되어있다 보니, 이 블록이 실행되는 주기인 시계1 블록의 타이머간격을 바꾸면 움직임이나 애니메이션이 부자연스러워질 수 있어요. 이를 위해 애니메이션 블록을 분리해볼게요.

팔레트의 센서에서 시계를 찾아 뷰어 영역에 추가해주세요. 그리고 추가한 시계의 타이머간격을 50으로 설정해주세요. 타이머간격이 밀리초 단위이기 때문에 0.05초의 간격으로 시계 블록이 실행돼요. 이 정도 간격으로 애니메이션 블록이 실행되게 할 거에요.

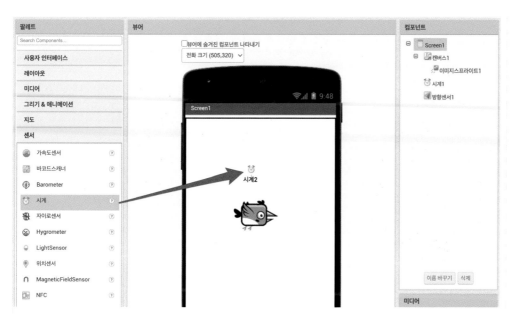

블록 영역에서 기존에 있는 `언제 시계1.타이머가작동할때` 블록 위에 마우스 우측 버튼을 눌러
주세요. 그리고 [복제하기]를 눌러 복사해주세요. 복사한 블록에서 [시계1]을 [시계2]로 바꿔
주세요.

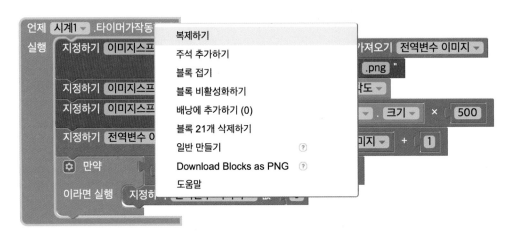

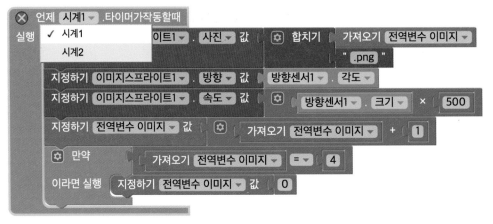

그리고 모든 블록을 다음과 똑같이 만들어주세요. 프로젝트를 MIT AI2 Companion과 연결해주세요. 실행하면 전과 똑같이 새가 날갯짓을 하며 움직이지만 애니메이션이 더 자연스러워진 것을 볼 수 있어요.

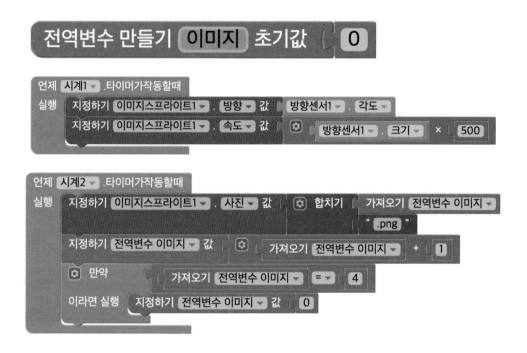

PART

통! 통! 공 튕기기

이번 장에서는 공을 추가해서 손가락으로 공을 튕길 수 있도록 만들어봅니다. 바로 손가락으로 튕긴 방향으로 공이 움직이고 모서리에 부딪치면 튕기도록 만들어봅니다. 또한 앱 인벤터로 만든 앱의 아이콘을 위해 웹 브라우저에서 아이콘을 제작하는 방법에 대해 알아봅니다.

컴포넌트 추가하기

이번에는 공을 사용할 거에요. 이 공을 손가락으로 튕겨서 움직이게 하고, 벽에 부딪혔을 때도 튕기도록 만들 거에요. 팔레트의 그리기 & 애니메이션에서 공을 찾아 기존에 캔버스 안에 추가해주세요. 추가하면 검정색의 동그란 공을 볼 수 있어요. 그리고 추가한 공의 반지름 값을 20으로 설정해주세요.

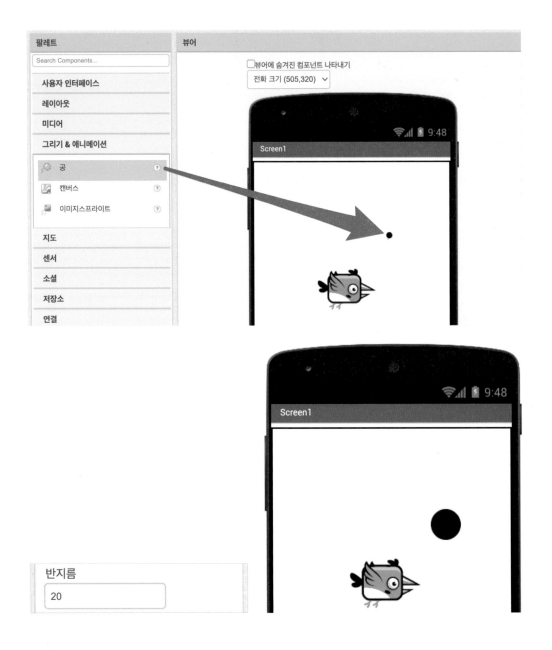

블록 코딩하기

이제 블록을 배치해 코딩을 할 거예요. 블록 영역에서 공1을 선택하고 `언제 공1.플링했을때` 블록을 뷰어 영역에 추가해주세요. 이 블록은 공을 손가락을 이용해 튕겼을 때 실행되는 블록이에요.

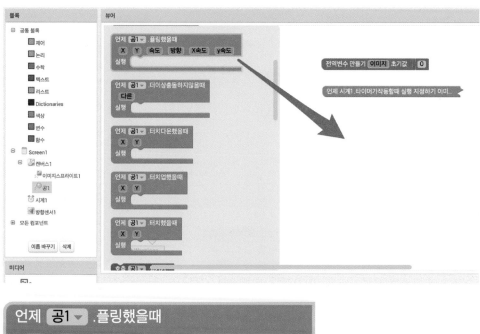

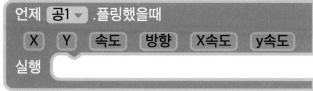

블록 영역에서 공1을 선택하고 지정하기 공1.방향 값 블록을 방금 추가한 언제 공1.플링했을때 블록 안에 추가해주세요. 이 블록은 공의 방향을 설정하는 블록이에요.

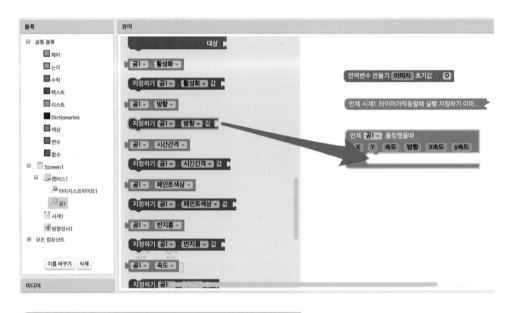

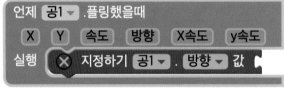

블록 영역에서 공1을 선택하고 지정하기 공1.속도 값 블록을 언제 공1.플링했을때 블록 안에 추가해주세요. 이 블록은 공의 속도를 설정하는 블록이에요.

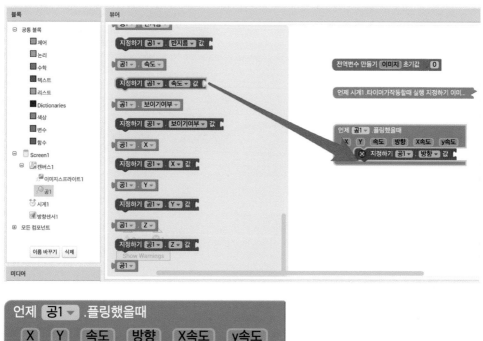

언제 공1.플링했을때 블록 위쪽에 방향 변수 블록을 끌어다가 지정하기 공1.방향값 블록에 끼워주세요. 여기서 방향 변수의 값은 손가락을 팅긴 방향을 뜻해요.

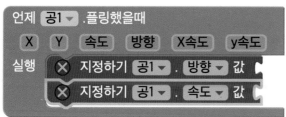

블록 영역에서 수학을 선택하고, 곱셈 블록을 지정하기 공1.속도값 블록에 끼워주세요.

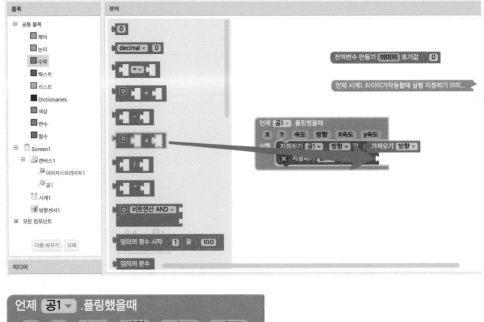

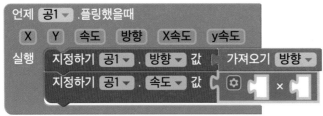

언제 공1.플링했을때 블록 위쪽에 속도 변수 블록을 끌어다가 곱셈 블록 왼쪽 칸에 끼워주세요.

블록 영역에서 수학을 선택하고, 값 블록을 곱셈 블록 오른쪽 칸에 끼워주세요. 그리고 값에 20을 입력해주세요. 여기서 속도 변수의 값은 손가락으로 튕긴 속도를 뜻하는데 그 속도에 20을 곱한 값을 공의 속도로 설정해요.

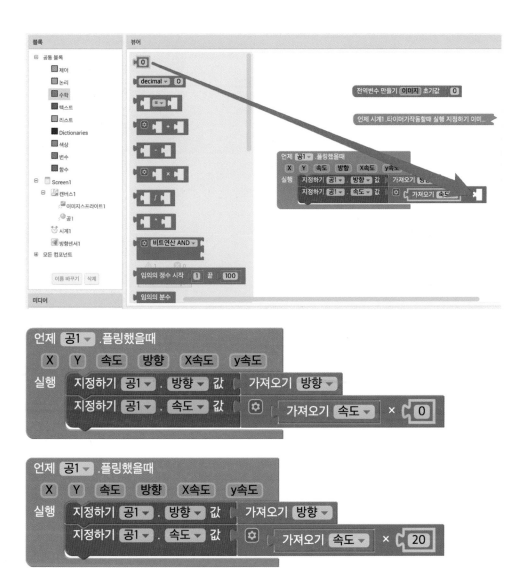

블록 영역에서 공1을 선택하고, 언제 공1.모서리에닿았을때 블록을 뷰어 영역에 추가해주세요. 이 블록은 공이 모서리에 부딪쳤을 때 실행되는 블록이에요.

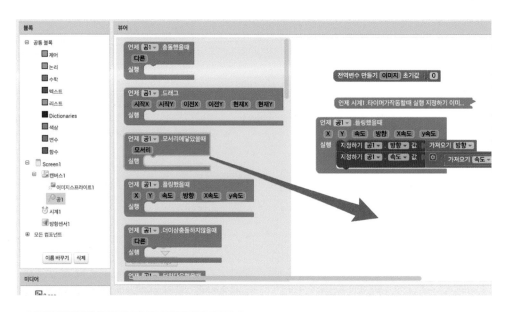

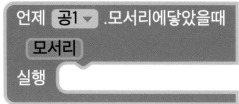

블록 영역에서 공1을 선택하고, 호출 공1.튕기기 블록을 방금 추가한 언제 공1.모서리에닿았을때 블록 안에 추가해주세요. 이 블록은 공을 특정 모서리를 기준으로 튕길 때 실행하는 블록이에요.

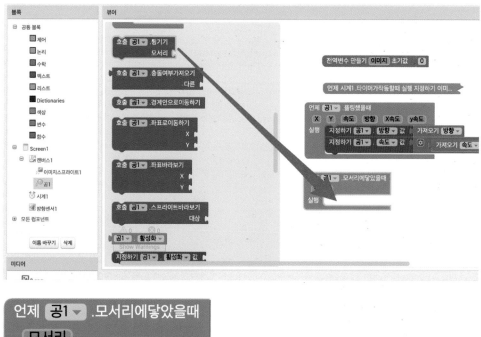

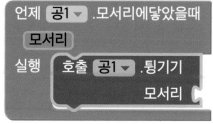

언제 공1.모서리에닿았을때 블록 위쪽에 모서리 변수 블록을 끌어다가 방금 추가한 호출 공1.튕기기 블록에 끼워주세요. 이렇게 하면 공이 화면 끝에 부딪혔을 때 튕기게 돼요.

완성된 블록 화면이에요. 이번 장의 프로젝트는 링크(bit.ly/2Fufx9Q)에 접속해 확인할 수 있어요. 프로젝트를 MIT AI2 Companion과 연결해주세요. 실행하고 공을 손가락으로 튕기면 공이 여기저기 왔다 갔다 하는 것을 볼 수 있어요. 그리고 공이 벽에 부딪히면 다시 튕기는 것도 볼 수 있어요.

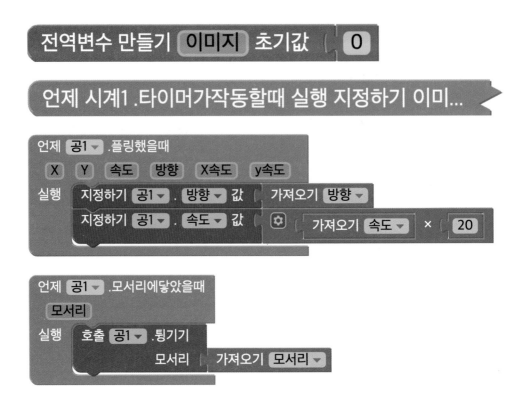

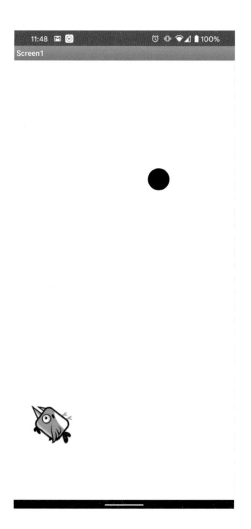

아이콘 만들기

스마트폰 앱을 보면 자신들만의 독특한 아이콘을 가지고 있어요. 앱 인벤터로 만드는 앱도 내가 원하는 아이콘을 설정할 수 있어요. 아이콘 이미지는 배경은 투명이고 너비와 높이가 모두 512 픽셀 사이즈로 된 PNG 이미지로 제작하면 돼요. 컴퓨터에 디자인 프로그램이 있다면 이와 같은 조건으로 아이콘 이미지를 만들어서 4장 쉬어가는 페이지에서처럼 아이콘 이미지를 바꿀 수 있어요. 그런데 컴퓨터에 디자인 프로그램이 없는 사람들도 있을 거에요. 이런 사람들을 위해 웹 브라우저에서 사용할 수 있는 무료 디자인 프로그램인 픽슬러에 대해 알려드릴게요. 먼저, 픽슬러 에디터(bit.ly/3a0XWS7)에 접속해주세요. 접속하면 PIXLR X, PIXLR E 중 선택하라고 표시하는데, 아이콘을 만드는 작업 정도는 PIXLR X 로 다 해결할 수 있어요. PIXLR X 시작하기를 클릭해주세요.

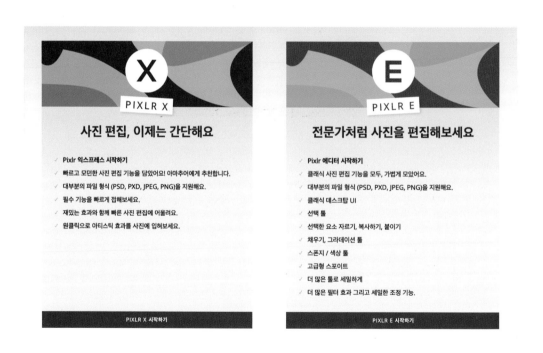

화면이 바뀌면 왼쪽 메뉴에서 신규 생성을 클릭해주세요.

신규 생성을 클릭하면 사이즈를 설정하는 설정이 표시돼요. 여기서 가로, 세로 모두 512를
입력해주세요. 그리고 백그라운드 설정은 해제되어있는지 확인해주세요.

편집 화면이 표시되면 원하는 아이콘을 디자인하면 돼요. 작업을 다 했다면 하단에 저장 버
튼을 클릭해주세요. 클릭하면 파일명과 파일 유형이 표시되는데, 원하는 파일명을 적고, 파
일 유형은 PNG를 선택하면 돼요. 그리고 다운로드를 누르면 컴퓨터로 저장돼요. 이렇게 저
장된 아이콘 이미지를 앱 인벤터에 업로드해서 아이콘으로 설정하면 돼요.

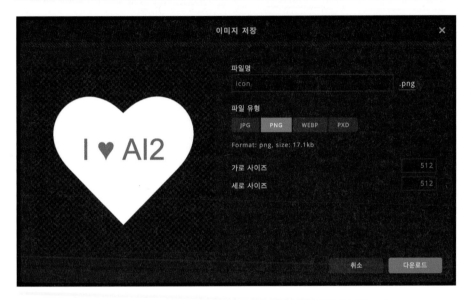

PART

18

화면 바꾸기

이번 장에서는 앱 인벤터의 화면을 바꿀 수 있는 스크린에 대해 알아봅니다. 스크린 3개를 준비해서 순서대로 스크린이 바뀔 수 있도록 만들어봅니다. 또한 스크린에서 다른 스크린으로 바뀔 때 원하는 정보를 전달하는 방법에 대해 알아봅니다.

컴포넌트 추가하기

이번에는 앱에서 다른 화면으로 바꾸는 것을 해볼 거에요. 메뉴에서 [프로젝트] – [새 프로젝트 시작하기]를 선택해서 새 프로젝트를 만들어주세요. 저는 이름을 HelloScreen으로 지었어요.

앱 인벤터에서는 화면의 단위가 스크린이에요. 처음에는 스크린이 1개인데 원하는 만큼 추가할 수 있어요. 화면 위를 보면 [스크린 추가...] 라는 버튼이 있어요. 이 버튼을 클릭해주세요. 그럼 새 스크린 창이 표시돼요. 원하는 스크린 이름을 입력하고, 확인을 클릭해주세요. 저는 Screen2, Screen3이라는 이름을 가진 스크린들을 2개 추가했어요. 추가하면 방금 눌렀던 [스크린 추가...] 왼쪽에 있는 [스크린 목록] 버튼을 이용해 원하는 스크린으로 이동할 수 있어요.

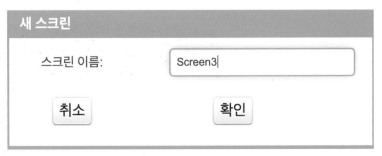

[Screen1]을 선택해주세요. 그리고 팔레트의 사용자 인터페이스에서 버튼을 찾아 뷰어 영역에 추가해주세요. 그리고 텍스트를 "Screen2로 이동"으로 바꿔주세요. 이 버튼을 클릭하면 Screen2로 이동하게 만들 거에요.

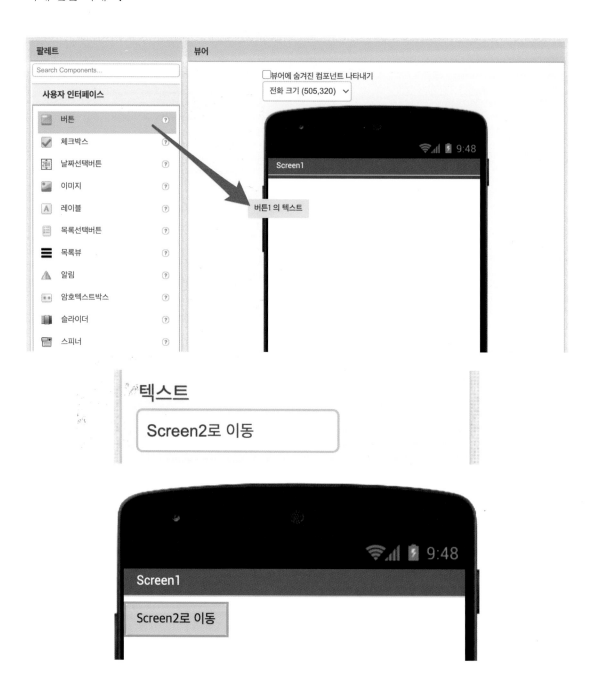

[Screen2]를 선택해주세요. 그리고 팔레트의 사용자 인터페이스에서 버튼을 찾아 뷰어 영역에 추가해주세요. 그리고 텍스트를 "Screen3으로 이동"으로 바꿔주세요. 이 버튼을 클릭하면 Screen3으로 이동하게 만들 거에요.

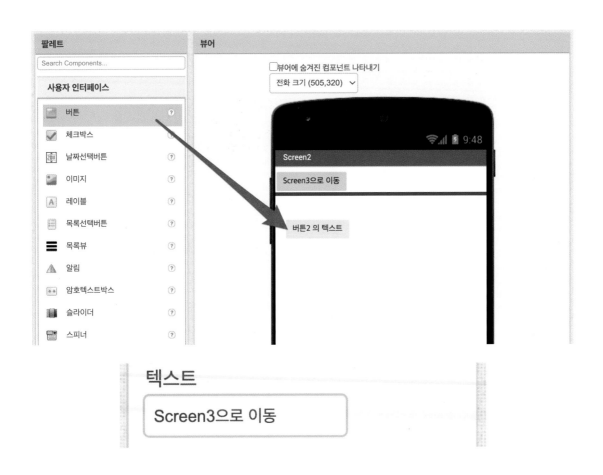

팔레트의 사용자 인터페이스에서 버튼을 찾아 방금 추가했던 "Screen3으로 이동" 버튼 밑에 추가해주세요. 그리고 텍스트를 "뒤로"로 바꿔주세요. 이 버튼을 누르면 현재 화면을 닫고 이전 화면인 Screen1로 이동하도록 만들 거에요.

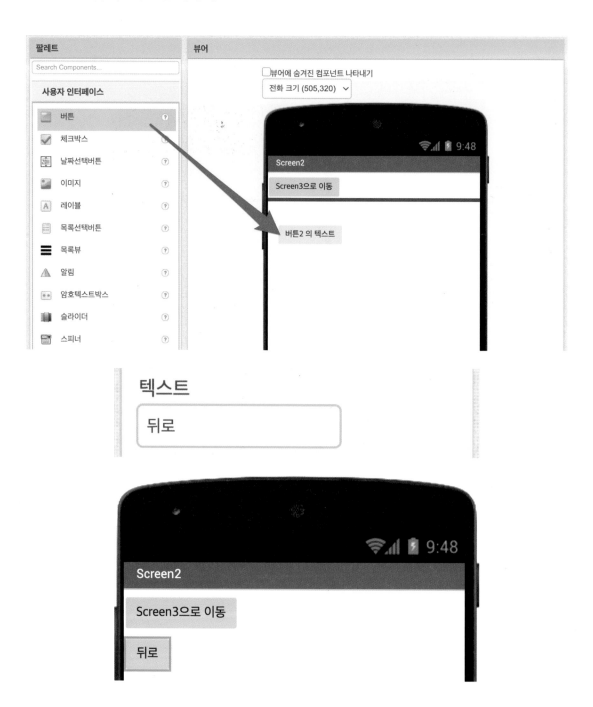

[Screen3]을 선택해주세요. 그리고 팔레트의 사용자 인터페이스에서 버튼을 찾아 뷰어 영역에 추가해주세요. 그리고 텍스트를 "뒤로"로 바꿔주세요. 이 버튼을 누르면 현재 화면을 닫고 이전 화면인 Screen2로 이동하도록 만들 거에요.

블록 코딩하기

이제 블록을 배치해 코딩을 할 거에요. [Screen1]을 선택해주세요. 그리고 블록 영역에서 버튼1을 선택하고 언제 버튼1.클릭했을때 블록을 뷰어 영역에 추가해주세요.

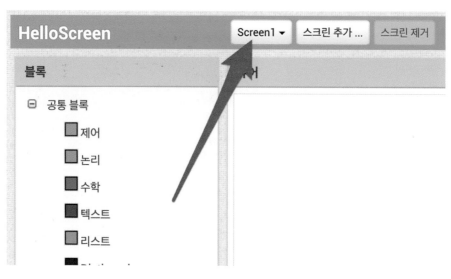

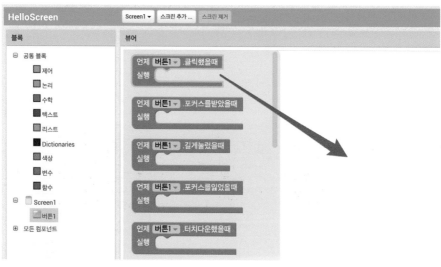

블록 영역에서 제어를 선택하고 다른 스크린 열기 스크린 이름 블록을 방금 추가한 언제 버튼1.클릭했을때 블록에 추가해주세요. 이 블록은 다른 스크린을 열 때 사용해요.

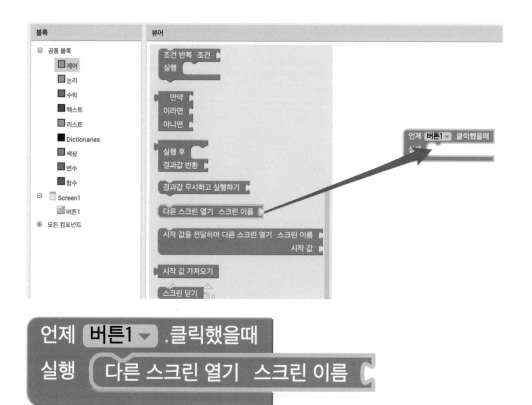

블록 영역에서 텍스트를 선택하고 문자 블록을 방금 추가한 다른 스크린 열기 스크린 이름 블록에 끼워주세요. 그리고 문자 블록에 "Screen2"를 입력해주세요. 그럼 이 블록이 실행될 때 화면은 Screen2로 이동해요.

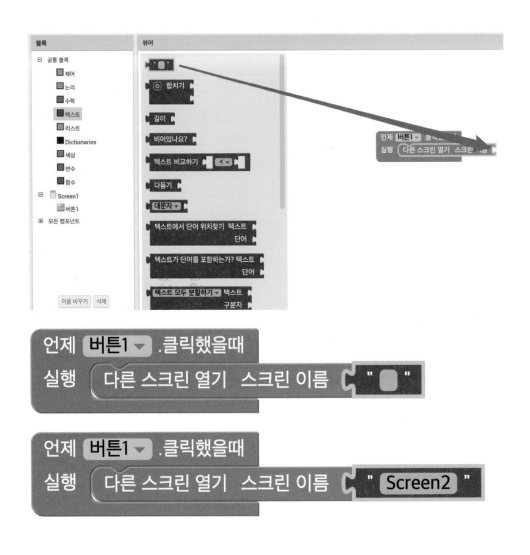

[Screen2]를 선택해주세요. 그리고 Screen1에서와 같이 버튼1 블록을 추가해 다음과 같이 만들어주세요. 대신 스크린 이름만 다르게 "Screen3"으로 입력해주세요.

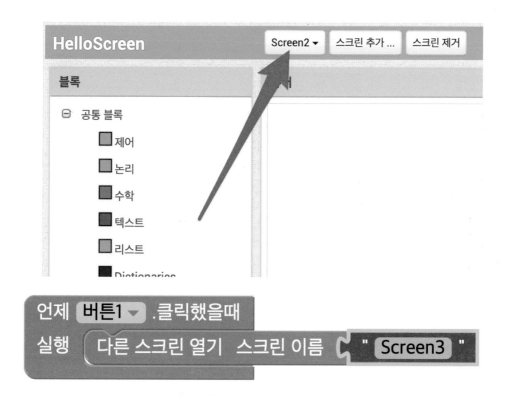

블록 영역에서 버튼2를 선택하고 언제 버튼2.클릭했을때 블록을 뷰어 영역에 추가해주세요.

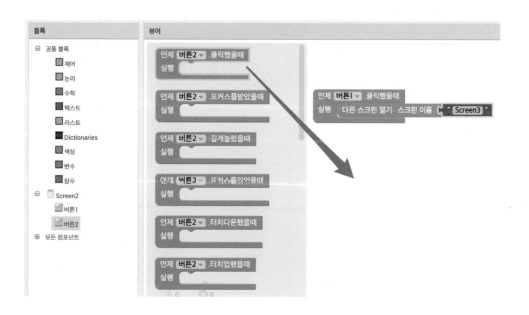

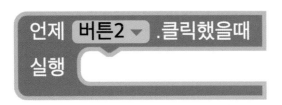

블록 영역에서 제어를 선택하고 스크린 닫기 블록을 방금 추가한 언제 버튼2.클릭했을때 블록에 추가
해주세요. 이 블록은 현재 화면에 보이는 스크린을 닫을 때 사용해요.

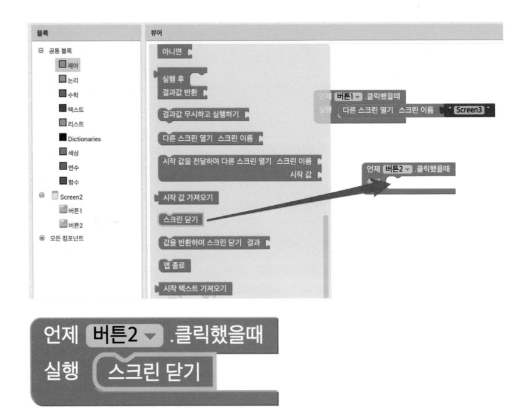

[Screen3]을 선택해주세요. 그리고 버튼1 블록을 추가해 다음과 같이 만들어주세요.

이번 장의 프로젝트는 링크(bit.ly/2DOwwDq)에 접속해 확인할 수 있어요. 프로젝트를 MIT AI2 Companion과 연결해주세요. 실행하고 버튼을 누르면 다른 스크린으로 이동하거나, 현재 스크린을 닫고 이전 스크린으로 이동하는 것을 볼 수 있어요.

다른 스크린에 정보 전달하기

이번 시간에는 스크린을 바꾸는 것을 해봤어요. 그런데 스크린을 바꿀 때 바뀌는 스크린으로 특정 정보를 전달해야 하는 경우가 있어요. 전달받는 정보가 A냐 또는 B냐에 따라서 화면에 보여주는 게 달라야 하는 경우가 있을 수 있어요. 이런 경우를 위해 앱 인벤터에서는 다른 스크린을 호출할 때 정보를 전달할 수 있어요. 어떻게 전달하는지 알아볼게요. 우선 새 프로젝트를 만들어주세요. 저는 이름을 HelloScreen2라고 지었어요. 그리고 [스크린 추가]를 눌러 Screen2를 추가했어요.

새로운 앱인벤터 프로젝트 만들기

프로젝트 이름: HelloScreen2

취소   확인

Screen1에 버튼 2개를 추가하고, 각각 텍스트를 "A 전달", "B 전달"로 바꿔주세요. [A 전달] 버튼을 누르면 A라는 값을 Screen2에 전달하고, [B 전달] 버튼을 누르면 B라는 값을 Screen2에 전달할 거예요. 그리고 Screen2에는 레이블과 버튼을 추가하고 버튼은 앞에서 했던 것과 같이 뒤로 가는 버튼으로 사용할 거예요.

Screen1

A 전달

B 전달

9:48

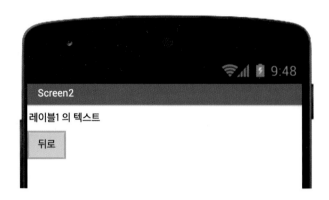

Screen1에 제어에 있는 시작 값을 전달하며 다른 스크린 열기 블록을 언제 버튼1.클릭했을때 와 언제 버튼2.클릭했을때 블록 각각에 추가해주세요. 그리고 문자 블록을 방금 추가한 시작 값을 전달하며 다른 스크린 열기 블록에 끼워서 다음과 같이 완성해주세요. 이렇게 하면 버튼 1을 클릭했을 때 Screen2를 열면서 A라는 값을 전달하고, 버튼2를 클릭했을 때 Screen2를 열면서 B라는 값을 전달해요.

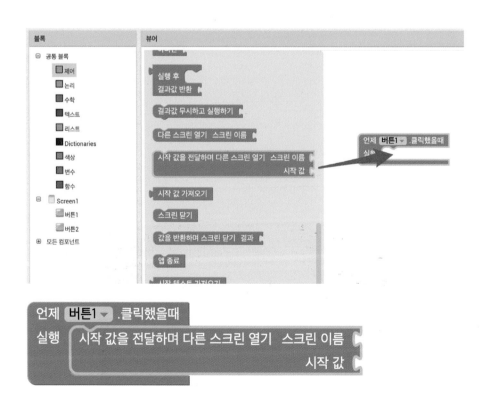

언제 버튼1 ▾ .클릭했을때
실행 시작 값을 전달하며 다른 스크린 열기 스크린 이름 " Screen2 "
                                         시작 값 " A "

언제 버튼2 ▾ .클릭했을때
실행 시작 값을 전달하며 다른 스크린 열기 스크린 이름 " Screen2 "
                                         시작 값 " B "

Screen2로 이동하고, Screen2 쪽에 있는 언제 Screen2.초기화되었을때 블록을 추가해주세요.
이 블록은 Screen2가 처음 화면에 나타날 때 실행되는 블록이에요. 다음으로 레이블1을 선
택하고, 지정하기 레이블1.텍스트 값 블록을 방금 추가한 언제 Screen2.초기화되었을때 블록에
추가해주세요.

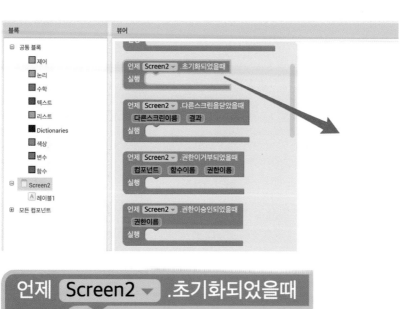

언제 Screen2 ▾ .초기화되었을때
실행

제어를 선택하고 │시작 값 가져오기│ 블록을 방금 추가한 │지정하기 레이블1.텍스트 값│ 블록에
끼워주세요. 버튼1의 블록은 다음과 같이 만들어주세요. 프로젝트를 MIT AI2 Companion
에 연결해주세요. 실행하고 누르는 버튼에 따라 Screen2로 전달되는 값이 달라지는 값을 확
인할 수 있어요.

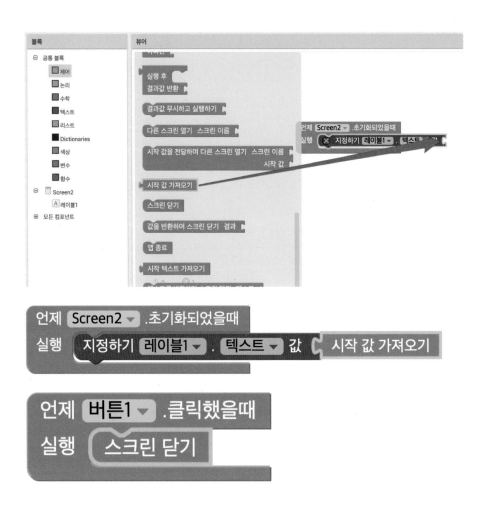

마치며

———————

이제 마무리할 시간이 되었네요. 책에 나와있는 프로젝트들을 하고 나서 앱 인벤터와 친해지셨나요? 여러분들이 이 책을 보고 지금까지 배운 것을 한번 살펴볼게요.

- ☐ 버튼을 눌러 알림을 띄우는 것을 배웠어요.
- ☐ 원하는 글자를 입력해 레이블을 수정하는 것을 배웠어요.
- ☐ 버튼에 이미지를 추가하는 것을 배웠어요.
- ☐ 버튼을 누르면 소리와 진동을 내는 것을 배웠어요.
- ☐ 스마트폰을 흔드는 것을 인식시키는 것을 배웠어요.
- ☐ 캔버스를 이용해 그림 그리는 것을 배웠어요.
- ☐ 캔버스의 선 굵기를 변경하는 것을 배웠어요.
- ☐ 캔버스의 선 색을 변경하는 것을 배웠어요.
- ☐ 캔버스에 배경 이미지를 추가하는 것을 배웠어요.
- ☐ 카메라로 사진을 찍어 캔버스에 배경 이미지로 설정하는 것을 배웠어요.
- ☐ 캔버스에 스프라이트를 이용해 캐릭터가 움직이도록 하는 것을 배웠어요.
- ☐ 여러 이미지를 이용해 스프라이트에 애니메이션이 보여지도록 배웠어요.
- ☐ 캔버스에 공을 추가해서 제어하는 것을 배웠어요.
- ☐ 스크린을 이용해서 화면을 바꾸는 것을 배웠어요.

이 외에도 앱 인벤터로 할 수 있는 것들이 무궁무진해요. 특히 앱 인벤터 갤러리에 들어가면 전 세계 사용자들이 올린 다양한 프로젝트들을 확인할 수 있어요. 아마 이제는 앱 인벤터를 이용해 좀 더 난이도 있는 걸 만들고 싶을지도 볼라요. 앱 인벤터로 다음과 같은 것도 만들 수 있어요.

☐ 블루투스 기기 제어하기 : 블루투스 기능을 이용해서 블루투스 기기와 통신하는 앱을 만들 수 있어요.

☐ 인터넷에서 정보 가져오기 : 인터넷 기능을 활용해서 인터넷에서 원하는 정보를 가져와 앱에서 사용할 수 있어요. 예로 기상청 정보나 뉴스 또는 트위터를 가지고 와서 사용할 수 있어요.

☐ 동영상 플레이어 : 동영상 블록을 활용해 나만의 동영상 플레이어를 만들 수 있어요.

☐ 지도 관련 앱 : 지도와 위치센서(GPS)를 활용해 현재 내가 있는 위치를 앱에 표시하거나, 내가 원하는 장소를 앱에 표시할 수 있어요.

☐ 만보기 앱 : 만보기 기능을 활용해 아주 간단하게 만보기 앱을 만들 수 있어요.

☐ 모임 관리 앱 : 전화, 문자메시지 기능을 활용해서 친구들이나 모임과 관련된 사람들에게 알림을 보내는 앱을 만들 수 있어요.

☐ 단어장 앱 : 데이터베이스 기능을 활용해서 단어 데이터들을 저장하고, 이를 통해 단어장 앱을 만들 수 있어요.

한가지 아쉬운 점은 앱 인벤터가 안드로이드에서만 작동한다는 거에요. 원래 필자가 책을 쓸 당시에 iOS 버전이 나온다는 발표가 있었는데, 베타버전은 공개가 되었지만 정식버전이 출시되지 않아 책에 실을 수가 없었어요. 아마 이 책을 보고 있을 독자분들은 iOS 버전을 사용할 수 있을지 몰라요. iOS 버전에 대해 궁금한 분들은 iOS 카테고리 페이지(bit.ly/31wPzuX)에서 확인할 수 있어요. 이 외에도 앱 인벤터를 이용해 할 수 있는 것들이 다양해요. 구글에서 'instructables app inventor'라고 검색해보세요. 그럼 앱 인벤터를 이용한 다양한 프로젝트를 볼 수 있어요. 혹시나 앱 인벤터와 관련해 더 궁금한 것이 있다면 제게 메일이나 페이스북(tb.com/DoYouKnowAppInventor)을 통해 연락주세요!

앱 인벤터,
상상을 현실로 만드는 프로젝트

1판 1쇄 발행 2020년 12월 10일

저   자 | 이준혁
발 행 인 | 김길수
발 행 처 | ㈜영진닷컴
주   소 | (우)08507 서울특별시 금천구 가산디지털1로 128
         STX-V타워 4층 401호
등   록 | 2007. 4. 27. 제16-4189호

©2020. ㈜영진닷컴

ISBN | 978-89-314-6332-3

YoungJin.com Y.
영진닷컴

영진닷컴 SW 교육

영진닷컴은 초, 중학생들이 SW 교육을 쉽게 배울 수 있도록 언플러그드, EPL, 피지컬 컴퓨팅 등 다양한 도서를 구성하고 있습니다. 단계별 따라하기 방식으로 재미있게 설명하고, 교재로 활용할 수 있도록 강의안과 동영상을 제공합니다.

인공지능, 언플러그드를 만나다

홍지연 저 | 202쪽
16,000원

언플러그드 놀이 코딩 보드게임

홍지연, 홍장우 공저 | 172쪽
15,000원

언플러그드 놀이 교과 보드게임

홍지연, 홍장우 공저 | 194쪽
15,000원

스크래치야! 과학이랑 놀자 3.0

김미의, 김현정, 이미향 공저
200쪽 | 12,000원

코딩프렌즈와 함께 하는
엔트리 게임 챌린지

지란지교에듀랩 저 | 216쪽
13,000원

즐거운 메이커 놀이 활동 언플러그드

홍지연 저 | 112쪽 | 12,000원

즐거운 메이커 놀이 활동 마이크로비트

홍지연 저 | 112쪽 | 12,000원

메이크코드로 만드는 마인크래프트 테마파크

에이럭스 교육연구소 저
256쪽 | 16,000원

메이커 다은쌤의 TINKERCAD 2nd Edition

전다은 저 | 176쪽 | 13,000원

알버트 AI로봇과 함께하는
즐거운 엔트리 코딩 [카드 코딩]

홍지연 저 | 168쪽
15,000원

아두이노, 상상을 현실로 만드는 프로젝트 입문편

이준혁, 최재규 공저 | 296쪽
18,000원

마이크로비트, 상상을 현실로 만드는 프로젝트 입문편

이준혁 저 | 304쪽 | 18,000원